臺灣妖怪學就醬

臺北地方異聞工作室　主編

臺灣妖怪學就醬

民俗
什麼是臺灣妖怪學？

社會
原來妖怪這麼近

創作
臺灣妖怪哪裡去

主編序

謝蓓宜（《臺灣妖怪學就醬》主編）

在你開始進入《臺灣妖怪學就醬》的世界前，有些事情你也許有興趣知道。

《臺灣妖怪學就醬》是一本介於學術與大眾的論述書，這本書有著偏向艱澀的學術論述整理，也有輕鬆導向的傳說彙整。我們希望能夠盡可能使更多的人從這本書得到幫助，因此在選擇文章內容時，特意包容了由淺至深的論述內容。

如果你是初學者，你可以在書中找到「臺灣妖怪」的基礎論述、未來可能如何發展的脈絡。

如果你是進階者，這本書將引導你奠定「臺灣妖怪」論述的堅石，發展出自己的論述與想像。

如果你是專業者，或許書中的內容已經十分熟悉，期待你成為另一個講者，為「臺灣妖怪」增添多元的內涵。

《臺灣妖怪學就醬》取「臺灣妖怪學九講」的諧音而來。臺北地方異聞工作室在出版《唯妖論》之後，由出版社奇異果文創牽線，以「臺灣妖怪」為主軸舉辦九個場次的演講，由於「臺灣妖怪」是個極新的概念，有許多的論述仍未出爐，當時的演講內容既是講述，也是將妖怪與社會、民俗文化的概念牽繫在一起的場域。幾場講次過後，我們深感「臺灣妖怪」內涵之豐富，並不是幾個演講就能夠說盡的，而真要說起，各種面向紛紛雜雜，好像都有得說，卻又不成系統——

我們遂起心動念，決定為「臺灣妖怪」編纂一本論集出來，其中包含民俗、社會與創作三大類別，並邀請臺灣民俗、社會領域等專家學者，以及實務中的創作者加入，一起為「臺灣妖怪」奠定基礎，他們以自身專業來闡述主題，構成三大主軸、九大篇章的架構。

這三大主軸分別是民俗、社會、創作。

為何從民俗開始談起「臺灣妖怪」？中研院民族所林美容老師形容民俗是「人們的食衣住行育樂、日常生活，這些林林總總的，有形的、無形的，可見與不可見的」。民俗其實就是人們的生活總結，藉由民俗的角度，我們可以看到過去、現在、未來的軌跡。妖怪與社會共存的現象，體現了先民生存的智慧。林美容老師說：「民俗是有道理的，有自己內在圓滿的邏輯，表現我們對世界的想法。」從這個角度來討論「臺灣妖怪」的基礎，再適合不過了。

瀟湘神以宏觀而淺顯易懂的文字，引領我們進入「臺灣妖怪」論述的世界。接著，溫宗翰將民間信仰中「神、鬼、怪、異」進行定義與分類化，藉由歸納分析，「臺灣妖怪」的面貌更加清晰了——但若是以為單是這些內容，便能夠將「臺灣妖怪」定型，那就太小看臺灣文化的多元性了——林和君帶來的原住民族傳說觀察，足以令你眼花繚亂，從傳說的原型開始演變，族群之間的交流帶來妖怪傳說演繹所需的養分，使得新生的妖怪染上本土的味道，久而久之就變成本土的妖怪，我們僅能從一些蛛絲馬跡，看出妖怪們根源的老祖。

妖怪的演化以許多神話、傳說來掩飾真實，必得要抽絲剝繭，不放棄一絲一毫的可能性，才能走上通往解答的道路。第二個章節便從社會的角度切入，在現代化社會裡，妖怪是否已經隨著科學理性的普及而灰飛煙滅？其實不然。社會發展的軌跡裡，有著諸多藏汙納垢之處，得以使妖怪存身。

蘇碩斌自都市傳說談起，面對都市化後的妖怪演變。長安緊接著將鏡頭轉向臺灣本土，都市傳說的滋生伴隨著社會時事演變而來。特別是在重大災難中所成長的都市傳說，其實反映了人們對於事件的心理投射。回顧許多妖怪傳說產生的社會背景，往往與當下的環境劇變有關。長安進一步在新的篇章裡，探討女性地位改變造成了何種妖異誕生，而保守派為了抵禦社會變遷，利用妖怪來達成目的，又是一件值得好好說道的事了。依循整體篇章所談論的脈絡，瀟湘神在本章的最末彙整了妖怪與社會變遷之間的關係，但現代與未來社會中，妖怪是否仍有可能的容身之處呢？瀟湘神以奇幻故事的創作提出了解方。

我們雖知妖怪並不會因為社會的進步發展、科學的普及而完全消失殆盡，但與舊時的社會相比，妖怪傳說、神話等載體終究日益稀微，甚至被斥為迷信。談論妖怪是怪力亂神、不務正業嗎？從「民俗」到「社會」的討論中，我們已知道妖怪傳說、神異文化有其根本，是反映社會多元面向中的一種形式。既是如此，就沒有必要全然駁斥，而應該思索如何能使這些承載了先民生活軌跡的文化，以新的形式復甦——這就是第三個章節所要談的「創作」。

書本的篇幅有限，我們選擇了《家有大貓》、《說妖》兩個作品，以及獲得金鐘獎最佳音效配樂、金曲獎最佳客語專輯獎的柯智豪老師文字訪談稿，來為各位說明如何應用妖怪、民俗的文化力量進行創作。

《家有大貓》是「互動式電子小說」，通過豐富的劇情來穿插民俗知識，讓玩家不知不覺浸淫在民俗氛圍中。《說妖》則是「桌上遊戲」，玩家在遊玩過程中，必須要進入氣氛詭譎的儀式中，收集手牌召喚妖怪，在遊戲過程中學習各個妖怪不同的傳說內容，將這些知識內化於心中，贏得最後的勝利。這兩部作品均是邀請製作團隊撰文分享創作經驗。

我們也納入柯智豪老師的文字訪談，柯老師將民俗融入於音樂之中，團隊作品《三牲獻藝》

等作品，均嘗試將臺灣傳統的器樂元素進行創新的改造，與民俗文化揉合之後，迸發出十分有意思的火花。

從民俗發展到社會，最後來到創作，這是我們對於「臺灣妖怪學」過去、現在與未來發展的一個詮釋。從民俗起步，說的是神怪傳說起源的根基，隨著人類文明的進步，妖怪的面貌也不斷改變。科學理性時代的到來，人們將怪力亂神排除於日常生活之外，不過在城市角落，怪異可能正蓬勃發展。創作是將對於神鬼怪異的詮釋權取回手中，重新認識「臺灣妖怪」。

文化在哪裡，妖怪的傳說就在哪裡。

「臺灣妖怪」不僅僅是曇花一現的熱潮，而是以某種形式呈現過往臺灣記憶的一種載體。「臺灣妖怪」終將復甦，在這波浪潮中，我的建議是去瞭解祂、與祂對話，利用祂帶給你的東西，創作出嶄新的作品。我無法預想復甦後的「臺灣妖怪」到底會是什麼模樣，但祂們已做好回歸的準備，就等你拉開這場鉅獻的布幕！

妖怪小測驗

妖怪小測驗 I　你是哪種妖怪？

▶ 妖怪百百種，你知道你屬於哪一種妖怪嗎？
快來測驗看看吧！

◇1.大好的週末假日，你會選擇出門還是待在家中？

出門 —— 2
待在家中 —— 3

◇2. 才走出門外，就發現外頭豔陽高照，你會選擇到山中健行還是到水邊游泳？

山中健行 —— 4
水邊游泳 —— 5

◇3. 難得的假日，你想好好在家中休息。你會做些什麼事？

睡個飽覺 —— 6
打掃房間 —— 7

◇4.你發現山路邊長滿了一朵朵色彩亮眼的花，你認為花是什麼顏色？

鮮豔的紅色 —— 8
柔嫩的米黃色 —— 9

◇5. 來到水邊，你發現岸邊的水清澈可見，但稍遠一點的水就深黑如墨。你會選擇在哪邊遊玩？

不敢到水深的地方玩，在水邊就好 —— 10
仗著自己水性很好，到深水區玩水 —— 11

◇6. 你做了惡夢，驚醒之後，夢中的情緒仍緊緊糾纏著你。這是個什麼樣的惡夢？

置身於火場中，遍尋不著出路 —— A
感覺有人拉扯著你的腳，醒來後觸感鮮明依舊 —— B

◇7. 總算下定決心打掃自己的狗窩，一番整理後，你發現什麼東西最多？

滿地的頭髮 —— C
之前遍尋不著的東西 —— D

◇8. 摘了花之後，你覺得肚子餓了。這時候你想吃些什麼？

酥脆的炸雞 —— E
深山中新鮮的竹筍 —— F

◇9. 走到山路邊緣，你突然發現這邊是個斷崖，放眼望去風景極其優美，但路面看起來並不安全，你會怎麼選擇？

走到斷崖邊緣，眺望遠處的湖景 —— G
後退幾步，深山裡的竹景別有一番雅境 —— F

◇10. 池水十分清涼，你玩得忘了時間，回過神來，天色已經傍晚，而且不知不覺起了大霧。霧中影影幢幢似乎有著什麼，你覺得是什麼？

其他來水邊遊玩的遊客 —— E
水邊的不知名植物 —— G

◇11. 來到深水區，你探頭一看，果然深不見底。水溫寒冷刺骨，現在你想要？

太冷了，還是回岸邊取暖 —— A
這種地方游泳才爽，正要挑戰自己 —— B

解　析

A 鬼火

飄忽不定的鬼火，到底是從何而來呢？無論是在夢中被火焰所吞噬，還是妄圖在寒潭尋找溫暖，都是虛幻而飄渺的事物。這捉摸不定的特質，是鬼火至今未能得解的謎團，你是否也給人如此的印象呢？

B 水鬼

走向水鬼的結果，並未出乎你的意料吧？說起與水相關的妖怪，恐怕水鬼是榮登知名度第一。熱愛尋求挑戰與刺激的你，肯定與水鬼的性格相合——你說你不是這樣的個性？那也無所謂，畢竟水鬼最擅長的就是抓交替了嘛！

C 金魅

喜歡待在家裡，又十分勤勉打掃的你，與勤勤懇懇的金魅何其相似？據聞金魅出沒時，會將環境整理得十分乾淨，並吃掉作為祭品的人類，只留下一束頭髮。滿地的頭髮正是金魅存在的證明啊！

D 山臊

只有一隻腳的小矮子，因著害怕爆竹聲音，被說是年獸的原型。但在臺灣，山臊卻喜愛偷竊物品，甚至會在夜半時分掀開你的被子惡作劇。如果家中經常有東西不翼而飛，興許你正與山臊展開甜蜜的同居生活也不一定呢！

E 魔神仔

矮矮小小的魔神仔，最愛的就是惡作劇與鮮豔的紅色。在深山中還想著要吃炸雞，或者期盼在遊客稀少的時間遭遇到他人，難道你就是這滿懷惡意的魔神仔化身？

F 竹篙鬼

山中有竹，這是極其平常的選項。與竹篙鬼相同，你看似與芸芸眾生沒有太大區別，但事實則非如此。橫亙在路面的竹子，等待的是膽敢跨過祂的人們，面對你的目標，你就像是等待獵物的耐心獵手，勢必一擊得手！

G 魂花

長在水邊的柔美魂花，並不是能夠輕易侵犯的存在，一旦受到冒犯，將帶給你生不如死的體驗。看似和氣實則敏感的你，如同魂花一般，倘若有人得罪了你，定不會輕易饒過他。

妖怪
小測驗 II

妖怪九宮格

▶ 快來看看你認識哪些臺灣妖怪與都市傳說！

魔神仔	玉山小飛俠	撒烙 Salaw	山臊	塔達塔大 Tadatadah
拉里美納 Lalimenah	金魅	椅仔姑	燈猴	箸神
蟾蜍精	貓鬼	虎姑婆	地牛	蛇郎君
達克拉哈 Taqrahaz	樹靈	林投姐	水鬼	竹篙鬼
艾里里安 Aidridringane	阿里嘎蓋 Alikakay	番婆鬼	毒眼巴里	矮黑人

臺灣妖怪

男友之死	更衣室的 暗門	幽靈船	裂嘴女
下水道的 鱷魚	消失的 搭車客	華航空難 靈異錄音	人面犬
速食店 炸老鼠	盜腎傳說	會動的 蔣公銅像	如月車站
計時保母 與 樓上的男人	肯德基怪雞	愛滋病針頭	廁所的花子

都市傳說

妖怪小測驗 III

創作連連看

▶ 一、把各篇的主題與裡頭的作品類型，和各自在作品中使用民俗元素創作時的重點連起來。

家有大貓	說妖	柯智豪／三牲獻藝
音樂創作	文字戀愛冒險遊戲	桌遊

減低閱讀時的壓力	遊戲策略性	文本完整度	避免典型	傳統元素的使用多寡	適當的演奏方法

▶ 二、將《說妖》製作過程中，
各階段團隊設計時的心情連起來。

設計勝利條件

調整遊戲平衡

文本完整與遊戲性的取捨

崩潰

▶ 三、比較《說妖》和《家有大貓》，
將創作時的原則與手法連起來。

家有大貓

說妖

避免玩家的行動沒有意義

百分之五原則

註釋集

製作小冊收錄完整傳說

將妖怪拆解成好記的關鍵字

避免直接告知玩家民俗知識

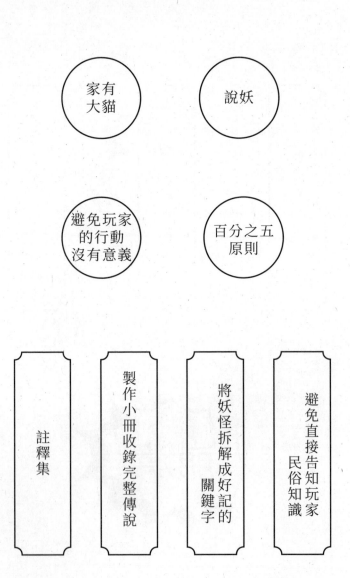

▶ 四、比較《說妖》和《三牲獻藝》，
將各自創作時的壓力連起來。

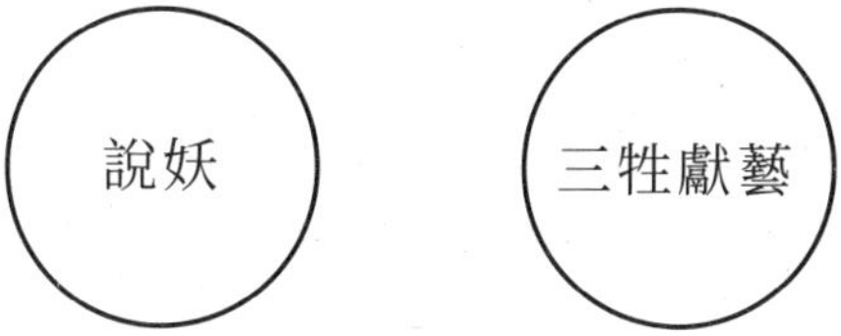

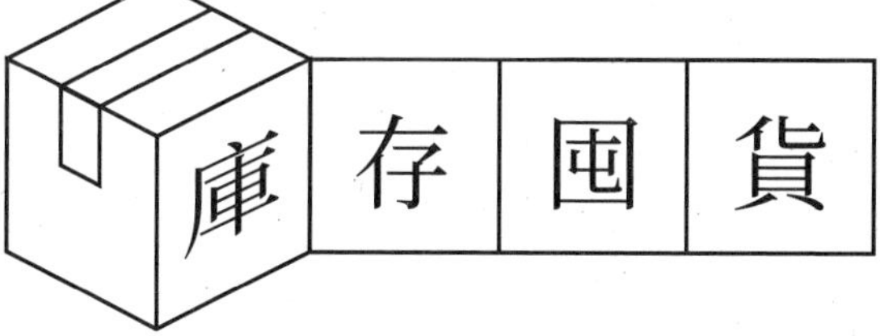

民俗
什麼是臺灣妖怪學？

他們說，
臺灣沒有妖怪，更別說妖怪學。

第一講

為何需要臺灣妖怪學

～從負數開始的妖怪學就醬

文／瀟湘神

小說家，著有《臺北城裡妖魔跋扈》、《帝國大學赤雨騷亂》、《金魅殺人魔術》，合著小說接龍《華麗島軼聞：鍵》。

近幾年來，臺灣妖怪逐漸展示其輝煌閃耀的魅力——不只是娛樂產業，就連學界也開始關注。原來處於邊緣、幾乎被當代遺忘的鬼怪，竟一夕之間躍為時代寵兒。

或許有人認為臺灣妖怪不過是日本妖怪娛樂產業的跟風，這想法不算是毫無依據；畢竟，臺灣曾有過南投妖怪村、臺中妖怪夜市，向日本取經的姿態不容分說。當然，這種徹頭徹尾的商業性異文化產物，確實能夠反映臺灣兼容並蓄的海島性格，不過，說它們不倫不類也無可厚非，畢竟毫無在地的脈絡，這樣的東西，不在臺灣也可以。更何況，臺灣難道沒有自己的文化？這類商業行為竟不得不消費他國文化，要是有外國朋友來，真不知該從何解釋起，還帶著點尷尬害臊。

但剛剛提到了一個大哉問：臺灣到底有沒有自己的文化？

當然有。

對熟悉「文化」的人來說，這根本用不著問，甚至不算是問題。可是幾年前，或許是臺灣特殊的政治處境、歷史背景所致，竟使「臺灣有沒有自己的文化」成為問題，甚至有人認為臺灣的文化都是外來的，沒有自己的文化（原住民被政治性無視了）。臺灣作為海島，長久以來有各個族群經過、移居，豐富的文化也如潮水湧來，彼此衝撞，這點我們無法否認。但文化屬於生活，而不是國族想像，事實上，文化也不會被國家分割，因此不同國家能享有共通文化，同一國家也很可能包納著不同文化；既然有實際生活在這座島上的人，臺灣當然就有自己的文化。但這不是能簡單說清楚的，所以對「臺灣有沒有自己的文化」的質疑，在眾多關心此問題的人們心中，形成了「文化焦慮」。

臺灣真的沒有自己的文化嗎？要是沒有自己的文化該怎麼辦？愚以為這樣的焦慮，正是「臺灣妖怪」忽然開始受到矚目、聲勢水漲船高的原因。誠然，日本的妖怪娛樂產業很好地展示其商業潛能，力道之強悍，並非毫無影響，但若只是如此，日本妖怪足矣（如南投妖怪村），不足以讓臺灣人忽然關心起本土妖怪；是這個「我們擁有只屬於自己的妖怪」的意識，才讓臺灣妖怪撥去身上的灰塵，站到舞臺之上。

但為什麼？為什麼是妖怪？說到底，妖怪憑什麼能回應文化焦慮？

其實同樣不算問題。但有這樣的疑問，也不奇怪。正因日本娛樂產業奮力輸出妖怪的娛樂形象，並在臺灣社會發揮實際的影響力；受其感染，我們也很容易以為妖怪就只是娛樂，缺乏嚴肅的一面。

事情當然不是這樣。

在妖怪成為娛樂產業的素材前，日本已發展了將近一百年的「妖怪學」，井上圓了（一八五八—一九一九）以心理學破譯妖怪現象，人稱妖怪學博士；柳田國男（一八七五—一九六二）從民俗學角度切入，寫下《遠野物語》，在當今以妖怪為題材的日本動漫中，仍發揮著影響力。在日本，妖怪研究並未因娛樂化而停止，如小松和彥（一九四七—）便是知名的當代妖怪研究者。即使是娛樂寫作，妖怪書寫也有豐富的脈絡，如京極夏彥的「百鬼夜行系列」，就透過妖怪展現作者在民俗學、歷史、宗教、漢學、心理學方面的博識。

毫無疑問，妖怪有嚴肅、學術的一面。

妖怪是純粹的文化產物——

這麼說不公平，因為我們把神放到一旁去了。事實上，神與怪是在同一系統中運作，不能獨立討論。但這次的主題既然是妖怪學，就請原諒我採取片面的說法吧！妖怪是純粹的文化產物，這說法不是譁眾取寵；在古早的時代，人們相信妖怪是實際存在的，「作祟」是生活的一部份，太陽可能被天狗吃掉，地牛翻身會造成災難，人們生怪病、在山上失蹤，這些全都是妖怪作祟。從現代的角度看，我們當然能以科學解釋，但缺乏現代科學知識的先民，他們同樣透過神怪「解釋」了世界，並界定世界、社會與個體的關係，活在神怪的邏輯與影響力之中。

那時，神怪就是生活，而生活的邏輯，就是所謂的文化了。事實上，只要我們詳加考察神怪的歷史，就能找到文化融合、移動的豐富證據。

舉個例子吧。像一九〇八年時，伊能嘉矩在《東京人類學雜誌》所寫的〈臺灣土蕃的口碑（續260號）〉一文，記載了一則有趣的凱達格蘭族北投社傳說；據北投社的人說，在來到臺灣前，他們住在被稱為「Sanasai」的地方，之所以遷徙到臺灣，是因為故鄉有種被稱為「Sansiau」的妖怪作祟，會在晚上闖進屋內掀人棉被，來無影去無蹤。族人非常害怕，便燃燒營火、輪流守夜，想要逮住「Sansiau」，卻徒勞無功。最後他們不堪其擾，決定移居到其他地方，就乘船移動，最後來到臺灣。

這故事屬於「Sanasai 傳說圈」——從淡水河流域到花東沿海的不同族群，有著共通的起源傳說，認為祖先是從「Sanasai」這個地方來的——但北投社的這個妖怪「Sansiau」，卻沒有在其他部落的「Sanasai 傳說」中登場；伊能嘉矩認為，這個「Sansiau」可能就是漢人傳說中的「山臊」，是北投社與漢人交流的過程中，吸收了漢人傳說，變造原本的故事。

不只這個例子。同樣是「Sanasai 傳說」，石坂莊作於一九三五年在〈金包里的傳說二三事〉這篇文章裡，提到金包里的平埔族會祭祀「天犬公」，方法是在家裡右側的牆上掛著竹籠，並以香祭拜。至於「天犬公」是什麼？平埔族認為是他們的祖先。過去祖先住在山西（其實就是 Sanasai）時，國王的女兒生了怪病，全身長了癩痢，怎樣都治不好，於是國王昭告天下，要是有誰能治好公主，就把公主嫁給他。不久，有隻狗施施從外來，用舌頭舔舐公主的皮膚，奇妙的是，皮膚病居然漸漸就好了，雖然國王不願將公主嫁給狗，但君無戲言，無奈之下只給讓公主下嫁，並將公主跟狗放在船上，他們最後漂流到基隆，成為金包里平埔族的祖先。

國王將女兒下嫁給狗，並成為某族群的先祖——這無疑跟中國南方少數民族流傳的「盤瓠傳說」有某種聯繫；可以想像，金包里部落流傳的「Sansasai 傳說」，也在民族交流的過程中與「盤瓠傳說」融合。值得一提的是，伊能嘉矩也記載了金包里部落的起源傳說，看不出半點盤瓠的影子，石坂莊作紀錄的版本或許僅是眾多版本之一，要不然就是後來才成為主流。

傳說從海上來，甚至海上都有自己的傳說，這對在海上討生活的人來說理所當然。一七九一年，福建人王大海寫了《海島逸志》，紀錄自己在東南亞的見聞，裡面提到名為「尿婆」的海上怪物，其傳說散佈於越南、泰國、馬來西亞等地，顯然其傳說隨著海上航行而擴散。雖然王大海的紀錄沒提到臺灣，但日本時代，西岡英夫曾紀錄為名「娶尿婆」的船幽靈（日本對海上幽靈的稱呼），顯然就是「尿婆」傳說的變體。

《海島逸志》裡還有名為「海和尚」的怪物。根據《澎湖廳志》跟《噶瑪蘭廳志》，臺灣周邊海域也流傳著海和尚傳說，看起來像人，會對著人笑，看到就有災殃。有趣的是，其實日本也有名喚「海坊主」的怪物，這「坊主」兩字，指的就是和尚；西岡英夫說臺灣也有海坊主，並舉了兩艘遇上海坊主而遇難的船隻為例，他說的海坊主，應該就是海和尚吧！那麼，流傳於東南亞、中國南方沿海、臺灣的海和尚，就是日本的海坊主嗎？這點不得而知。但就算是，也不令人意外，因為海上的傳說本就會隨著航運流傳，這也凸顯了文化不受國界束縛的特徵。

魔神仔在臺灣極有名，但這是臺灣獨有的嗎？一九二五年的《漢文臺灣日日新報》，曾記載浙江泰順地方「小魈作祟」的軼事，這裡頭的精怪會在夜晚呼喚人名，要是應聲就會發狂，新聞裡被作祟的人，最後在田邊被發現，口中塞滿泥土——與我們知道的魔神仔作祟極為相似。其實不只漢文化圈，臺灣原住民裡也流傳類似作祟方式的魔物，日本時代的人類學調查報告中，就提到被稱為「拉里美那」的精怪，會讓人迷路、讓人爬到高處，或口中塞滿牛糞、草木、蟲類。此外還有被稱為「撒烙」的精怪，據說這種精怪比天還高，同樣會讓人迷路、把人帶到高處。《生蕃傳說集》裡有篇〈妖怪的手〉，這隻妖怪將泰雅族少女牽到很高的地方，讓她下不來，也屬同一主題。

最有趣的是，小原猛的《琉球妖怪大圖鑑》中，有種叫「シッキー」的妖怪，也能讓人迷路，甚至有將人帶到四百公里以外地方的案例。這與魔神仔有些相似。更像的是，這種妖怪會問人要吃紅飯或白飯，如果選擇紅飯，其實是紅土幻化而成，如果選擇白飯，則是海浪的泡沫幻化而成。將不同的東西偽裝成食物，這不也是魔神仔最擅長的嗎？

本來，琉球就有許多臺灣移民，即使是現在，也還有與臺灣文化相似之處。難道「シッキー」這種妖怪，竟有受臺灣移民影響嗎？我還忘了提一點：「シッキー」這種妖怪很高，甚至跟天一樣高——這又像是東部原住民間流傳的「沙勞」。「シッキー」傳說難道跟原住民有關聯嗎？要論證這一點，雖然需要更多證據，但文化隨著移民遷徙，本就不奇怪，這條線仔細追蹤下去，說不定能成為一種學術上的證據。

從上述這些例子，我們已不難發現妖怪研究正是文化研究，查閱妖怪的資料時，我也不只一次感到心靈受這些過去的記憶撼動。原來我們有這麼豐富的歷史、文化。關心臺灣妖怪，可說是大勢所趨，是在這個全球化的時代追問「我是誰」的回聲，所以對於「妖怪」，難道我們不該危襟正坐、嚴肅以對嗎？

嚴肅地面對妖怪——這時，日本妖怪娛樂產業帶來的浪濤，反而令人憂慮。日本妖怪學發展到現在已有足夠的累積，所以就算娛樂化，也不會傷害到文化，但臺灣卻才剛開始，還不到能肆無忌憚地娛樂化的階段。

什麼是肆無忌憚地娛樂化呢？

在日本，許多神怪傳說都成為動漫、遊戲的素材，每個角色都有獨具特色的造型，但這些神怪真的符合原本的文化脈絡嗎？譬如《妖怪少爺》，以黑道形象詮釋妖怪團體，真的符合裡頭妖怪的傳說背景嗎？透過《妖怪少爺》認識妖怪，會不會扭曲妖怪原本的樣貌呢？我不是說這樣的創作方式不妥，但日本動漫能這樣處理，是因為已經有龐大的資料庫，即使去脈絡，也有厚重的妖怪研究可供查閱，不會使妖怪的樣貌太過扭曲。我擔心的是，受到日本這種創作方式的影響，臺灣發展妖怪創作的方式竟不是穩重地從學術出發，而是隨隨便便畫一個外型，說這個「角色」就是魔神仔、椅仔姑、金魅……云云，卻不重視妖怪本身的傳說故事。在這裡引述一個笑話。前一段時間，動漫界裡風行「偽娘」角色（看起來是女性，其實是女裝男性），網路上就盛傳「怎麼畫一個偽娘呢？就是畫一個女性，然後說她是男的」。換言之，這是沒半點技術含量的事。同理，畫一個華美的造型，然後說祂是某某妖怪，這有何難？但在妖怪資料、研究都還不充分的當下，這樣的創作方式是會扭曲妖怪記憶的。

或許有人認為「這是杞人憂天」，但實在是因為臺灣的文創太不可信。本來所謂的文創，是利用文化的動力，創造商品的價值，在臺灣卻不是如此。太多所謂的文創只是複製文化表象，根本不關心背後的文化脈絡，譬如說，抓個形象印在馬克杯、毛巾上。文化展現出來的形象，跟文化本身，其實不是同一回事。當原住民歌舞變成一種表演，就已經不是處在原來的文化脈絡上，如果觀光客貪婪地想要看這種去脈絡的文化展演，豈不是會損傷到文化本身？講難聽點，臺灣太多文創（不只文創，甚至包括政府主導的文化復興）都只看重觀光、經濟的價值，反而不尊重文化，實在是荒謬至極。

同樣的情況有沒有可能發生在妖怪身上？

當然可能。

這就是為何現在需要建立起「臺灣妖怪學」的緣故。臺灣妖怪的時代確實來了，但這不表示光大量的妖怪創作出現就成。至於原因，前面也已說得很清楚，妖怪是文化記憶，如果我們粗暴地對待，可能就會永遠失去這些記憶。若是如此，那就本末倒置了。臺灣需要有自己的妖怪學。

但什麼是妖怪學呢？只是將文獻裡的妖怪整理出來，這樣就足夠了嗎？當然不夠。為了文化記憶，臺灣應該發展民俗學——這門學科在臺灣的資源貧乏到何等程度，或許是難以想像的。但是民間的記憶，比起史料，難道不是更仰賴民俗學家的田野嗎？除此之外，妖怪學也可以跨足嶄新的學科，就像日本被稱為妖怪學博士的井上圓了，將妖怪現象視為心理學。在當代，從心理學看待妖怪已毫不希奇，但從社會學角度看待神怪，卻尚屬嶄新；我們需要動態地看待人、神、妖彼此關係的技術。

經過這些積累，這些能量才能延續到創作上，並透過創作反過來刺激學術。於是這便成為了本書的構造——所謂《臺灣妖怪學就醬》，是「妖怪學九講」的諧音。全書分為三個部分，包括「民俗」、「社會」、「創作」，每部分三篇文章；揚言要建立妖怪學——未免太不知好歹！其實我們也知道世上有許多專家學者，能力都在我們之上，因此我們也向各領域的學者邀稿。即使如此，這大概也不會是什麼臺灣妖怪學奠基之作，不過是引出璞玉的第一塊磚頭。

但臺灣需要這樣的磚頭。

最後請容我指出一點：雖然本文與全書部分篇章使用「臺灣妖怪」這個語彙，但傳統臺灣民間並不使用「妖怪」一語，換言之，「妖怪」這個概念未必能正確指涉到傳統臺灣民俗上的諸多神鬼精怪。即使如此，本書依然採用「妖怪」，是為什麼呢？原因無它，在這波關心臺灣文化的浪潮中，「臺灣妖怪」這個詞最具識別性，因此透過這個詞，我們邀請關心傳統民俗的各位讀者進來，至於要使用什麼語彙，則開放地交由各位讀者討論。

希望經過《臺灣妖怪學就醬》這塊磚頭，臺灣能建立各種論述，讓神鬼精怪的時代——也就是認真傳承過往記憶的時代——能真正來臨。

第二講

與妖怪對話：臺灣神鬼怪異類型分析

～你覺得妖怪很多嗎？四大分類讓你搞清楚

文／溫宗翰

民俗亂彈執行編輯。關注臺灣民俗學、無形文化資產保存維護等議題，以「史學皮肉、民俗骨、文學心」比喻自己的研究心靈。

晚近幾年，臺灣文化圈流行起一股「妖怪」熱潮，從日常生活娛樂、流行文化到創作出版品等，琳瑯滿目、豐富多元。只是，現階段絕大多數妖怪討論都把各種神、鬼、怪、異事件混淆以對，忽略這些散體敘事背後，其實各有來源脈絡，文化價值觀大異其趣。去脈絡化且毫無保留地進行文化挪用與思想重構，不僅彰顯臺灣文化產業對民俗學／民間文學的陌生，更嚴重是，恐怕會對民間社會造成一種難以恢復的精神性破壞。

虛構與真實敘事邏輯的轉化

從學術研究基礎分類來說，諸多神鬼怪異因生產脈絡不同，在敘事邏輯與文化性質上，至少就可分有神話（Myth）、傳說（Legend）、民間故事（Folktales）等類型，體裁定義上大異其趣。這種差異並非僅止於使用者在定義類型方面的論辯，更重要是彰顯在民俗思維的不同。雖然民間觀點並不見得完全使用學術分類底下的詞彙，但是，當眾多神鬼怪異文本在常民生活被創造使用時，不同文化認知，會隨著思想、感受與記憶等，產生價值觀差異，彼此無法含混。

在民間文學普遍研究概念中，民間敘事核心思維分有兩種，一是真實敘事，二是虛構敘事。神話與傳說都屬真實，敘事邏輯是在一種真實情境之中被講述、使用與生產，也就是說，神話與傳說文本縱然不成為科技理性所主張之事實，也必然是人文社會環境所建構的真實，並且能在民間社會產生「信」的力量。

民間故事則皆屬虛構敘事，有著超越時空限制的講述模式。民間故事講述者通常建立一種模糊時空印象，一開始就會讓閱聽人感受到不明確狀態，清楚知道文本非真非假、亦真亦假。雖然神話、傳說與民間故事都有集體創造的可能性，但民間故事也在口頭傳承人身上能保有更多改編、改造的彈性空間，聆聽者也不見得會認為故事說錯，反而會感受到講述者「能說」的實力；至於神話與傳說，在傳播過程中若有細節差異，則很容易被視為錯誤、失憶或混淆，由此可知，民眾在使用這三種敘事故事類型時，有很大的本質性差異。

隨著社會變遷、傳播技術日益發展，傳說有時也會被虛構擴張，形成新的民間故事。甚至，有些民間故事因為被擴大強化以後，在民間社會廣為流傳，就此轉型為真實敘事，更進一步成為常民生活當中不可或缺的「生活必需」。

現有神鬼怪異文本多為神話或傳說文本，比如知名「鬼話」中的人物角色：陳守娘與林投姐，這兩位女士若追究其故事原型其實與普遍「女鬼復仇」故事情節相似。有趣是，雖然林投姐很有可能源自於虛構的民間故事，但是他們不僅僅活在民眾口頭傳承敘事之中，在臺南甚至出現將兩位皆尊崇為神靈的信仰行為。也就是說，不管是林投姐或陳守娘，都不能單純用民間故事虛擬人物來看待，在民眾心中是真有其人、其事，是真實存在於歷史上，只不可細考的對象。故而，予以祭祀崇拜與傳誦其故事者，都存在著信仰的「真實性」。

由此可知，縱然不去清楚詳細地分辨神話、傳說與民間故事，我們在認識民間不同的神鬼怪異故事時，其實也得知道是處於一種真實或虛構的敘事狀態，抑或者故事是講述著神聖或世俗、古代與現代等語境差異。除了認識故事以外，還要更能清楚掌握神鬼怪異類型，才能得知不同故事文本背後細膩的文化脈絡。

這一方面是對文化的尊重，同時也能協助文化工作者對關懷對象有更加清楚的文化認識，更重要是，較能深刻地去思考、參與、應用這些常民文化元素，關注到使用倫理的問題，避免產生破壞性詮釋與過度代言。

為了擴大「妖怪」議題，有些分類與說詞皆缺乏文化脈絡的理解，這不僅產生嚴峻倫理問題，也經常鬧出許多笑話。比如將林投姐與陳守娘兩人都列入「妖怪」之列。我們實在很難想像，誰膽敢在兩位女神靈面前，指著她們鼻子說是妖怪，兩神若有靈驗，這豈不是不想要命了嗎？再者，將別人祭祀的神靈放在妖怪議題當中，也絕非是適當合理的文化理解。簡單一點說，任何書寫與創作本身就是一種「介入」，是一種社會參與，不管擷取民俗元素最終目的是要滿足個人創作慾望？或是商業本質導向？抑或是要服務社會？其實都必須要回到文化本真性去思考與實踐，認識文化才能尊重文化。

神話與傳說誕生的根源

思考神鬼怪異分類前，必然得先知道這些民間敘事背後文化脈絡的差異。知名美國民俗學者威廉・巴斯科姆（William R. Bascom，一九一二—一九八一），針對神話、傳說與民間故事有相當深入的分析，並且為民間文學研究者廣為接受，其所設定區分概念，有助於我們在閱讀神鬼怪異故事前，能清楚地思考不同文本之認知。在另一位知名民俗學者阿蘭・鄧迪斯（Alan Dundes；一九三四—二〇〇五）協助下，他整理了一份經典且詳細的分類「散體敘事的型態特徵」以下援用之。

形態特徵（散體敘事的形式）	神話	傳說	民間故事
1. 傳統的開場	無	無	常有
2. 天黑後講述	不受限制	不受限制	常有
3. 信實性	事實	事實	虛構
4. 背景	某時某地	某時某地	任意時間地點
a. 時間	久遠以前	不久以前	任意時間
b. 地點	古時的或另外的世界	今日世界	任意地點
5. 取態	神聖	神聖或世俗	世俗
6. 主要角色	非人類	人類	人類或非人類

資料來源

威廉・巴斯科姆，〈口頭傳承的形式：散體敘事〉，收入：阿蘭・鄧迪斯主編，朝戈金等譯，《西方神話學讀本》，桂林：廣西師範大學出版社，2006 年，頁 13。

在威廉・巴斯科姆概念中，所謂**神話**是指社群生活共享共有的一套歷史文化認識體系，它被認為是來自古老社會的真實、可信事件，提供一種「神聖性」敘事邏輯，是生命起源、社會關係、宇宙世界存在於世的詮釋基礎。神話通常是一種「信條」、「禁忌」，並與原始宗教儀式結合，甚至有可能是用來向無知者、懷疑者、不信任之人，進行啟迪疑竇的敘事。也就是說，神話常常屬於史前時代，累積著個人與社群網絡互動的真實情感經驗。

臺灣知名的神話大抵可分有原住民族與漢人兩大脈絡，除了原住民族擁有許多存在已久的經典神話，比如阿美族巨人阿里嘎蓋、賽夏族矮黑人社群、排灣族起源於百步蛇、泰雅族有石生或樹生之起源等等，尚有自明清時期便隨著漢人移民落地生根的知識文本，比如盤古、神農、伏羲、燧人及女媧神話。這些神話有個明顯特質，主要角色皆非現實社會所能理解認知的非人類，可能是族群神靈、祖先或敬祀與敬畏的對象。

當科技理性凌駕於情感經驗時代來臨，神話經常被視為無稽之談，甚至予以改編「異化」，將神話轉向虛構敘事。事實上，質疑神話真偽並無實質意義，對原始社會而言，神話本就是一切文化起源最合理的解釋；對當前社會來說，神話背後那些豐富多元的文化價值觀，更是見證生命意義的重要資產，有神話才有族群文化。在前現代社會的「除魅」情境中，我們可以理解許多作家文人為了系統性建立民族精神，啟蒙群眾文化知識，為神話（或傳說）進行去神聖性的改編與書寫，但這些「偽民俗」（fakelore）若沒有成為日常生活講述的對象，依然只是創作話題的一部分，無法有深刻傳延；在當前社會中，神話所需的原始文化環境更為艱難，這顯示我們得用心且細膩地去面對這些文化養分。

經常與神話混淆的類型則是**傳說**，但許多民族原本就有將神話與傳說混同的「民俗思維」。就故事時間而言，傳說通常是距離當前社會相對比較近的時代，甚至有可能就是不久以前才發生的事件，這些傳說中的主要角色經常都是人類，也有人與神鬼、超自然界互動的事蹟。傳說比神話更容易被誤以為是虛假之事，尤其傳說被記述、改編以後，經常是創作者編造虛構文本時的題材，容易忽略傳說真實面貌及其社會功能。就敘事邏輯而言，傳說依然是根據真實生活經驗而誕生，並且在社會當中扮演重要文化角色，它不僅提供社會現象一套理解詮釋基礎，是民間社會信仰與價值觀養成關鍵，更是啟蒙思想的來源。

傳說類型相當多元而繁雜，幾乎包含日常生活週遭一切事務的詮釋，並且有歷史疊加的特徵，無論是人或非人，都可發現傳說蹤影。以人物為核心之傳說，諸如封建時代帝王將相、受人景仰之聖人，乃至生活週遭人群互動的經驗與重大事件，比如嘉慶君遊臺灣、鴨母王朱一貴、林大乾兄妹、鄭成功打臺灣、林文明壽至公堂傳說等。自然環境與生活方面的傳說，更可細分有眾多類型，舉凡風水、地理、地名、節日、建築、物品等，都能是傳說敘事的核心主角，涵蓋生活文化所有一切，諸如彰化有美人照鏡、竹山地瓜由來、葫蘆墩由來等等。

所有傳說類目當中，又以超自然世界的傳說最為量多，臺灣畢竟仍能保持相當程度原始信仰／民間信仰，故而能提供大量靈異傳說生產、使用與傳播的文化養分。嚴格說來，除了民間信仰中「先天神」的誕生與神話有關，舉凡神明靈驗事蹟、鬼魅精怪出沒事件，所有神、鬼、怪、異，大多是屬傳說範疇。

在民間社會裡，傳說雖是不可考據之事項，卻相當真實不虛，因此不管是哪個地方出現黑狗精、貓精、蛇精、雞鵤精、豬骨精、鰻魚精、鯽鰡精、毛蟹精、田蛤仔精，甚或是竹林鬼、林投鬼、水鬼、冤死鬼，都是民眾生活於自然世界之切身真實經歷，不能漫不經心地視為虛構文本，隨意扭曲使用。人類生活於世，總是要面對自然環境及其變化，在缺乏科學性解釋的時代，超自然傳說頗能為不同現象進行分析與釐清，使人類社會在恐懼當中找到生命的力量。

一般而言，從講述的開頭臺詞，往往就能看出民間故事屬性，比如「古早以前」或「從前從前」，客家族群也常會使用「頭擺頭擺」、「老頭擺」等，這種時空不明的模糊狀態，在講述故事時，能對聆聽者展現出一種「故事情境」，使人清楚了解到這是一種虛假敘事，藉此「引人入勝」。許多時候，民間故事是講者與聽者之間共構的過程，但編改與創造，卻是民間故事講述者經常發生的行為，無論是誰，都有責任使故事聽起來更加精彩。

民間故事與神話傳說相近，都能發現許多相似情節單元，在研究領域也分有非常多故事類型與母題。今日所見的「妖怪」著書中，不乏誤將民間故事混淆為真實案例的現象，比如虎姑婆、蛇郎君、田螺美人等，都屬民間故事，在全世界故事類型與情節單元中，皆能找到相近母題。比較重要是，對民眾而言，民間故事也與真實社會一樣，充斥著各種「妖怪」，只是與神話傳說中的「神鬼怪異」完全不同，皆非真實存在於世。

此外，傳播技術的發展，也使原始社會的散體敘事文本產生許多改變，除了神話、傳說與民間故事外，更有改編文本的誕生。這些改編文本，是經過文人改編的文字情節，將謠言、生活文化刻意編織成奇風異俗，或故事化、或誇張地展現，書寫目的隨作者、社會背景與時代網絡有所差異。比如大航海時代的臺灣經驗，是西方傳教士、探險家展現冒險精神的重要題材；清治時期，來臺官員習於誇述描寫（或抱怨）見聞，凸顯臺灣邊緣及未開化，以表彰政績；日本時代的新聞報導，也有刻意挑選題材吸引讀者的現象，為了吸引讀者，有些可能源自傳說的改寫，有些則是創造書寫。簡而言之，創作出來的妖怪，不見得是常民生活當中真實存在的神怪，所以，只從文字記載，其實很難完全理解神、鬼、怪、異等，在生活中的現實及意義。

在民間社會當中，各種神、鬼、怪、異事件，其實有許多不同語境的現象，「妖怪」一詞並非源自臺灣文化脈絡，只是隨著商業目的與新創議題炒作，成為許多神鬼怪異事件的新集合名詞，這顯然是忽略文化原生態的結果。由此可知，若要記錄、追蹤、理解各項民間社會的神鬼怪異事件，實地進入臺灣社會各地的超自然傳說，聆聽使用中的口頭傳承，或許才是更貼切常民生活文化的文本。

神鬼怪異各有巧妙

嚴格說來，「分類」本身是一種後設語境的處理方式，稍有不慎，可能都會對各種文化事項產生曲解疑慮，只是，為了方便理解、促進記憶且條理化文化脈絡，確認類型顯然又是一種不得不為之的必要之惡。除了前文透過敘事性質來思考分類以外，讀者或許很早就發現，本文在使用「神鬼怪異」四字時，本身便很清楚地、有意識地，將之視為四種不同類型，這其實是因應當前使用「妖怪」一詞含混著四種基本類型的對應用語。

所謂「神」，亦即神靈，故事來源有兩種：一是源自古老的神話，講述眾神故事，藉此了解宇宙世界之起源；二是指有關於神源、神顯、神蹟的傳說。神靈不能被視為一種妖怪類型。通常民間信仰認為，神明要有所「發揮」，才能促進其香火鼎盛，而只有香火不斷，神明才能擁有源源不絕的靈力，救助更多眾生百姓，這是個循環不輟的過程，是以神蹟與神源、神顯通常都用來榮耀神明，彰顯其威信，以促進信的力量並提高地位。臺灣祀神類型多元廣泛，除了源自神話傳說而來的「先天神」，還有人世間聖人賢者、英靈英烈，甚至是鬼怪等，都能成為人們景仰的對象。

「鬼」，是一種廣義靈魂不滅概念，漢人社會在不同時代對鬼的思維並不完全一致。有人說「人死為鬼」，但在古代社會，卻認為人死後是魂歸天魄入地，如果後事與精神未獲得安頓，便會為鬼作亂；如是觀點即便是已發展出三魂七魄觀，也仍延續影響著臺灣社會。

今日民間社會普遍認為，人有三魂七魄，死後是七魄散失，一魂守屍、一魂輪迴、一魂則予子孫祭祀，倘若未能各有所歸，自然會討香火作亂。臺灣因為是移民社會，面對自然環境險惡，瘴癘瘟疫興盛，對鬼魂信仰又更加崇信，因此隨處可見「有應公」、「有應媽」或「萬善同歸」等信仰，以使無主孤魂有所依歸。再者，民間信仰經常認為冤死者或非正常壽終正寢死亡者，鬼魂將持續在生前的苦難之中，故溺死鬼需要透過「掠交替」來獲得輪迴，心有不甘者可能在人世飄零，甚至為非作亂。因此，一則則鬼故事便在人世間流傳開來。

至於「怪」，其實是指精怪。在臺灣文化語境中，鮮少有使用「妖怪」一詞，但對於怪的觀念，確實是存在的，只是比較常用「精」來看待。這涉及到臺灣民間信仰「萬物有靈」觀念，在更深沉內在價值觀當中，對於精靈、精怪世界，並不是將之視為敵對狀態，甚至有一種內在認同與信任。日常生活當中，可能受到某些偶然機運影響，自然世界的動植物，甚至是人造物，在不小心接觸到神聖靈力或是地靈之氣以後，這將使自然之物獲得提升機會，因此具有靈力，是以為精。若再加上有人進行奉拜，則可能因為神蹟靈驗、助人有功，進階為神。

民間信仰中的精怪，其實也得分有幾種不同的來源，得視語境上是真有精怪，或只是推測的怪異之事，若屬後者，那便是下一個類型的核心旨趣。具體的精怪，通常以各種屬於他們自己的方式顯現，往往都是侵擾到人類社會才會被發現，甚至進一步受到神明捉取懲處。

比如最常見的故事是黑狗精，在南投水里就曾有人被黑狗精所害，眾人苦無對策只得求助於神明，後經松柏嶺受天宮玄天上帝在此地「掠生童」將黑狗精抓住；除此之外，嘉義地區過去也曾有貓精傳說，據說是由媽祖出面收服，後來則派列於其麾下，成為萬民景仰的對象。在彰化北斗地區，曾有婦女出門受到蛇精侵擾，由耳朵「入邪」，每每到了傍晚就耳鳴疼痛不堪，透過乩童為其驅趕後恢復正常。由此可知，絕大多數精怪都是因為與人、神共處，才產生特殊互動經驗，不得不「拋頭露面」，精怪顯然不是虛構故事，而是日常生活之一。

除了前述三種類型，臺灣民間社會尚有許多「異事」，是指發生不可思議、無法解釋的奇特現象，有時也可能是有具體指涉的怪異對象，非人非神非鬼非精怪，亦人亦神亦鬼亦精靈，通常難在一時之間探查理解。比如，早期地方社會若有人突然失蹤，鄰人們都會前來協助尋找，有時也會請求神明降乩協助，確認此人發生何種狀況，身在何處。每次失蹤者若能順利回來，就會讓人們相信就在田園山林之間，可能有不尋常的魔神仔在作祟，也會因此對預言方向的神明加強信服感。帶走人們的也不見得全是魔神仔，有時也可能是「歹物仔」在討要香火祭祀而作祟。若無請求神明幫忙確認，通常人們也只能自我推測是否被魔神仔牽走，將魔神仔視為「推託」對象。因此提到魔神仔時，還是得看使用者的語境為何，是如神明所言、真有其事，還是居民自己猜測，這在性質上有很大不同。

異事是當前許多妖怪奇譚經常提到的元素，比如嘉義在梅山大地震時，曾有傳說地生牛毛，隨著「地下有牛」到「地牛」的傳說演變，晚近甚至已經成了新的妖怪主角。此外，像臺中沙鹿曾經發生一些案例，在此處大肚臺地山邊，經常有大大小小的礫石，不知為何獨獨有一座大石，長得像極了一隻母豬，在週邊還有幾顆小型石頭，圍著這座「豬母石」；當地居民曾有人拿了豬母石旁的石頭回家使用，當晚整個村莊的禽畜半夜都莫名受到侵擾，雞飛狗跳鳴叫不停，於是他們只得趕緊將石頭搬回原處。後來，這顆石頭與週邊的豬仔石，都一起被保留在社區裡面，沒有人敢去任意搬動。

有些異事，則是與風水地理有密切關係，比如在全臺灣各地都有毛蟹穴、龍穴、龜穴、蛇穴等等，通常是以地形地貌與動植物相像程度，來作為一種判斷依據，這種穴位有時可能真有靈體在此居住，當穴位被破壞，經常傳出有人看到相應的動植物突然從該地離開，或是產生怪異事件，這類傳說有時也會向民間故事取經，融合成真實傳說。

比如臺中沙鹿有個毛蟹穴傳說，一名富戶為了延續家財事業，於是聽從風水師建議，將母親葬在毛蟹穴內，並打造一座有兩孔的墓室，甚至買來童男童女作為陪葬。結果，童男童女的母親不捨兩個小孩在墓中，經常透過墓室那兩個小氣孔去餵食探望。富商知道以後，心想這樣就沒有達到陪葬效果，於是就把兩個孔給封起來，童男童女因此死於墓中；不久後，這名富商開始家道中落，原來那兩個氣孔就是毛蟹的氣孔，封塞以後等於也讓毛蟹穴變成死穴，破壞此地風水。

除此之外，在南屯有個鯪鯉（穿山甲）穴，當地相傳每年端午節中午，得要在這個穴位上走動，以行地理之氣，於是每年端午節在此辦理「走標」活動，由當地青年在此時賽跑，後來則改為穿木屐競走，希望使地靈人傑。

由以上可知，光是神、鬼、怪、異事件，就都各有其不同的來源與思想脈絡，我們僅能就其本質意涵，來做簡單的分類思考。事實上，若真要用「妖怪」一詞來界定所有神鬼怪異之事，恐怕會因為文化語境差異，帶來許多文化識盲的問題，恐怕也將無法仔細地去思考臺灣民俗文化的真諦。

結語

神話與傳說都是建立在「真實性」底下的文本，本身就與顯而易見的謠言、民間故事或改編文本有所不同，民間思維中的神、鬼、怪、異幾乎都是真實存在，能否當作純娛樂性質的「妖怪」來作為創作元素？其實需要謹慎思考。

另方面，若以「妖怪」一詞的中文語意來思考，更偏向於臺灣民間社會當中的精怪或異聞，臺灣長期以來缺乏民間文學的調查研究，許多經典且重要的文化思維、散體敘事，都隨著時代變遷而消逝，以至於我們在當前社會中，很容易誤以為臺灣沒有妖怪，或也因為誤以為是一片空白，才會無限擴張、自我膨脹地將任何文化元素都當成妖怪。

從民俗思維角度來看，臺灣這類怪異不以妖怪稱呼，而稱作「精」。大抵上都與自然界萬物息息相關，這些精怪意外獲得超自然力量，恰好位處風水寶地，吸收日月精華，遂成精怪；或盤踞在某一處有神靈之氣，獲得靈性法力。甚至有自然萬物因為展現靈性，與人類共存亡，遂被遵奉祭祀的案例。並非所有「成精」的自然萬物都會害人、使人敬怕，許多「精怪」是某一地方的守護神，獲得當地居民的祭祀與敬畏。所以，全臺各地即使有精怪出沒害命，人們也相信透過神靈力量，可以將其感化，並透過其他已經成神的動物精靈抓妖降怪。

民間信仰就是通俗信仰，認為萬物皆有靈，也稱作泛靈論，因此日常生活中的動植物或自然萬物都有靈氣，絕大多數精怪都是根生於信仰思維，沒有民間信仰就沒有精怪，想要延續妖怪的生命力量，想要探討臺灣的精怪，就必須要讓民間思維與民間信仰可以永續傳承。

漢人民間信仰邏輯非常重視「人觀」，神與人經常共生共榮，無論你是否擁有信仰，這些存在日常生活中的神鬼怪異，其實扮演非常重要的角色，一方面他們確立了人與自然的互動關係，協助我們建構地方視野，讓人們學習如何安身立命；二方面則幫我們建構了宇宙觀，使人們懂得敬畏與恐懼，不再妄自尊大，學習感恩。有精怪就有神明，有恐懼文化就有信仰心靈，當我們細細閱讀整個臺灣文化發展史時，神鬼怪異事件突然在當前社會流行，恐怕不是一種偶然，或許正是自然萬物在提醒我們，要重新找回日常生活中與神鬼怪異共處的信仰心靈。

第三講

臺灣原住民族神靈妖異簡論與跨族群的身影

～臺灣的原住民妖怪原來這麼可愛

文／林和君

現職國立嘉義大學中國文學系專案助理教授，阿美族長輩授予族名為Angay，研究古典戲曲、臺灣原住民文學與文化。

隨著臺灣本土意識的崛起，創作者們開始將視野和心思關注在臺灣島孕育而出的文化、精神與思潮，一遍又一遍的翻掘土地裡的記憶和故事，也推動了一波波的藝文創作浪潮——其中最引人注目、市場迴響最大的，莫過於臺灣妖怪這主題了。

無形、玄奇而又照見人心面貌的靈異異聞一直以來都是最吸引閱眾的文本，不過，在長期以漢民族文化建立起來的臺灣主流社會裡，或者說，以殖民經驗建構的臺灣史綱下，常常讓我們忽略臺灣原住民族（Indigenous）與土地長久共生的歷史與文化經驗，那與臺灣自然山林河海更為貼近、想像力尚未受到文字侷限的原始形象，以及隨著族群差異而呈現的不同光譜色彩。如果，我們要重建屬於臺灣的文史記憶、並且進一步拓展屬於臺灣的文化心靈版圖，就不能忽視臺灣原住民族那超越四百年歷史縱深的經驗。

臺灣目前法定原住民族共有十六族，但是如果從廣泛的角度來看，包含未取得國家法定身分的西拉雅、拍瀑拉、噶哈巫、巴宰、道卡斯、馬卡道、大武壠、羅亞（**註1**）等等，或是消失在臺灣歷史之中的族群（例如猴猴族）、尚有疑義的分類（例如魯凱下三社）在內，加上閩南、客家、其他外省族群的漢族，臺灣的族群種類在歷史上應該接近三十種。所以，在強調新住民的落地生根以前，臺灣本身就已是擁有多種文化並存與積累的多元族群社會。

臺灣何其獨厚，先天擁有這麼豐富繽紛的文化資源。那麼，臺灣原住民族對於神、靈、妖（精）的建構與想像，面對未知自然的心靈藍圖，大致上是怎麼一回事呢？

註1　即原來慣稱的洪雅族、和安雅族，其後裔有人指出，洪雅、和安雅（Hoanya，ホンニャ）來自當時日本學者轉譯福佬語「番仔」的讀音，正確的讀音應為羅亞（Lioa）。參考「Lioa羅亞族之追尋與探訪」（https://goo.gl/VdMYKs），以及翁佳音〈荷蘭時期原住民分佈研究回顧〉，發表於國立臺中教育大學臺灣與文學系主辦「臺灣的語言方言分佈與族群遷徙工作坊」，二〇〇八年十二月二十七日。

臺灣原住民文化中的「神」、「靈」與「妖（精）」

對於世界上多數原住民（Aborigines）的傳統宗教信仰，一般常以泛靈信仰（Animism）解釋，也就是日月山川、花蟲鳥獸等萬物皆具備蘊有生命的靈（Anima），人死去之後的靈也會留存在自然之中，進而成為另一種存在的意義。但是以臺灣原住民族群為例，在萬物有靈的觀念中進一步建立一套完整的「神」、「靈」、「妖（精）」信仰結構，而且族群之間又有不同的稱呼、解釋，甚至在同一族群之中也可能產生不同的名謂和見解。

以阿美族為例——同樣是阿美族，其實有著Pangcah和Amis的差別，這是在認識臺灣原住民族時應有的明白（註2）——傳統信仰中，對於神、鬼與所有無形之物總稱為kawas（嘎哇斯），也就是「靈」。其中被視為最高存在的神稱為Maladaw（馬拉道），是天神中的最高位階，也有人認為祂是每個人的守護神祇，並冠以太陽的形象。除了Maladaw以外，尚有其他的神靈：檳榔之神、蘆葦之神、雷神、生命之神、造人之神……等等，祂們各有形象、神格與職司。在傳統信仰中，Cikawasay（祭師，或稱巫師）必須依照歲時祭儀祭祀這些神靈，並與祂們同在。

其次，是存在於自然界中的靈，包含人死去而成的靈，轉為善者即為祖靈；以及無論善惡、存在於山林河海之間的無形之物，擁有庇祐、作祟、致人病痛的能力，亦即泛指所有自然中具備生命的「看不見的東西」。例如，阿美族稱為kawas，泰雅族稱為utux（武度斯）或liutux（留度斯），排灣族稱為tsmas（茲瑪斯），布農族稱為hanito（哈尼度）等等。不過，在「靈」的總稱之下，每一種靈都被賦予精確的稱謂，比如說，在阿美族中人死去變成的鬼稱為Puwu（普悟，臺東縣東河鄉一帶）；飄盪於自然界中、會誘人失蹤四處遊蕩的稱為Salaw（撒烙）；身形高大、會將人擄走帶往海邊的稱為Kaliyah（嘎里亞），而躲在水裡的水鬼稱為Kalahahay（嘎拉哈亥）……等等。這些靈有的是從人、動物轉變而來的生靈，有的則是本來就存在於天地之中、形態與性質各不相同的自然之靈。也由於靈的無所不在，族人們在出入山林自然場域、先人曾經居住的遺址或起源地、或是遭遇災變致人兇死的禁忌之地時，便需要時時保持敬畏、進行祭拜並分享供品，與靈維持良好的應對與聯繫是必要的生活態度。

註2　大致上花蓮地區的阿美族自稱Pangcah，意思為「人」；臺東地區的阿美族自稱Amis，意思是「北方來的人」，也就是在南勢阿美族起源傳說中往南方遷徙的族人們。兩者在文化相上大柢相同，但在語言、傳統服飾、歲時祭儀時間、傳說神話甚至祖先起源等方面卻略有差異。其他如泰雅族、排灣族、魯凱族、卑南族等其他原住民族也是如此，同一族群內部亦有屬於各自的差異和特色。

再其次是「妖（精）」，與靈相比，妖（精）是實體存在的生物，像阿美族傳說中的巨人 Alikakay（阿里嘎蓋）、貌似河童的小水鬼 Falanunu（法拉奴奴），或是邵族傳說中的人魚 Taqrahaz（達克拉哈）等。在傳說中牠們是實際存在的生物，只是外貌與我們熟知的人或動物不一樣，甚至被視為異類。不過，除了像 Alikakay 這樣傳說曾與族人發生衝突的狀況以外，很多時候牠們都是被視為「另外一種生物」；或者，牠們的真面目也可能是歷史上曾經存在過的另外一支族群——比如，在漢族群過往的史地中心觀念裡，非我族類很容易被冠上「夷、狄、戎、番」等蘊有非人意涵的稱呼或是想像——而在傳述的過程中被渲染、誇大、或是產生了口頭上的變化。此外，像卑南族的神鹿、邵族的白鹿、西魯凱的雲豹、達悟族的飛魚、阿美族太巴塱部落的白螃蟹等蘊含圖騰象徵或起源傳說的動物，就不宜歸於此類，因為牠們對族群而言另有特殊的意義，甚至接近神格化。

臺灣原住民族的神靈妖異，大致上可用神、靈、妖這三個分類作為認識的指引，主要差別在於是否神格化、有無可見的實體，而其中的靈更是包含神祇在內的廣泛統稱，但是每一種靈都有明確的指稱。我們也不能不注意，每個族群之間、甚至同一個族群內部多少都會有差異，反映在語言和文化現象上，像是阿美族的巨人 Alikakay 傳說，就不見於臺東境內；而阿美族誘人失蹤、類同於魔神仔的 Salaw，在花蓮的部分地區稱為偺烙 Zalaw；小水鬼 Falanunu，在馬太鞍則被稱作恩那奴奴 Ehnanunu。此種差異，也正是造就繽紛多元文化的成因。

跨族群的接觸與流傳

其實，族群與族群間不如我們所想像的那麼涇渭分明，隨著時代與社會的進展，族群之間的分隔越來越曖昧、模糊甚至分不清。除了族群之間通婚的混血兒，最顯著的現象反映在宗教信仰上：比如說，阿美族傳統信仰中聯繫靈與祖靈的祭師 Cikawasay，許多人同時也身兼漢民族宮廟的乩童，祭拜道教神明，不分族群為人們辦事解惑；或者在長期的接觸與互動下，族群之間的傳說故事彼此影響而互相流傳和參與，也可能彼此看見的是同樣的「東西」，而各自解釋與稱呼。

近年來成為熱門話題的民間軼聞「魔神仔」，並不只是存在閩、客族群之間而已，祂很可能是臺灣各族群都曾接觸過的妖魅、山靈。在阿美族的 kawas 中，有一種惡靈 Salaw，會使人失神、迷迷糊糊的四處遊盪，可能要經過幾天、或是有人大聲叫喊自己的姓名，Salaw 才會離去而讓你清醒過來；但是，這時你會發現，你可能走到了荒郊野外，或是在懸崖峭壁上，或者，你被 Salaw 掛在苦楝樹、檳榔樹上。東河鄉一位族人曾經提過，自己的家人因為傷病而前往花蓮醫院看診，但是卻沒有回來；調閱醫院裡的監視器時，發現影像裡的家人大步快走、穿越排隊人群而從門口迅速離開，可是，當時家人可是負傷在身啊，走路都有困難了，怎麼可能大步快走呢？直到家人被警察找回來時，他才說：醫院裡有「人」叫他，要他跟著「祂」走，於是也就迷迷糊糊的跟出去，後面發生什麼事也完全不知道。

在南排灣的 tsmas 之中，也有一種 Wuyawuyatsmas（烏呀烏呀茲瑪斯），意思是「不潔的靈」，流傳在屏東縣牡丹鄉東源部落的老人家口中。曾經有一對上山務農的夫妻，某一天妻子在慣常前往的山路上意外失蹤了，大家找了三天，最後在牡丹水庫一帶找到了她，可是，這離她工作的地點卻有十幾公里遠，而她就在兩手空空、沒有食物飲水的狀態下，獨自在深山渡過三天，身上的衣物卻仍然很整潔，也沒有長途跋涉的疲態，看來一點也不像是剛在山林裡被找出來的模樣；而且她說「有人帶著我一直走一直走，我也只能跟著『祂』走，還餵我吃東西」，但實際上並沒有進食。排灣族老人家就說，她遇見了 Wuyawuyatsmas。這種事發生過好幾次，還曾有七十歲的老人家跟朋友結伴上山採山產，對山路十分熟悉，可是朋友在第二天回來，老人家卻不見了；大家一起上山，找了五天才找到這位老人家。大家說，他們一起在山上時，這位老人家看見了惡靈，但是依部落的禁忌規定，看見惡靈的人不能向其他人提起這件事，否則同行的人也會跟著看見惡靈，於是這位老人家就被惡靈帶走了，同行的朋友因為看不見惡靈，才得以平安的下山。

卑南族大巴六九部落的巫師 Anuw 曾說道：有一種矮矮小小、身形透明也看不清是什麼樣子的靈，叫做 Balaz（巴辣日），在黃昏過後便會四處出沒，遇見 Balaz 而被纏上的人便會失去意識，失魂落魄般地四處遊盪；除非被人發現，或是 Balaz 離去了，意識才會清醒過來，但是調皮的 Balaz 卻常常把人掛在長滿刺的刺蔥樹（食茱萸）上。而 Balaz 多半出現在冬天，夏天太熱，祂們不會現身，可能都躲在洞穴裡。

以上這些傳聞，是不是與誘拐人失蹤、做出惡作劇的魔神仔如出一轍呢？魔神仔、阿美族的 Salaw、排灣族的 Wuyawuyatsmas 和卑南族的 Balaz，都是生活在臺灣的我們曾經共同遭遇過、對於山林中那愛搗蛋作弄人的靈的想像與描述，而在各族群之間擁有不同的名字與形象。假如我們再細心地留意，就會發現這些傳說故事不僅一直留在這片土地上，而且還隨著人們的彼此往來、共同生活，也互相交融而轉變為另一種你們、我們都身在其中的情境，成為一種跨族群的共同經驗。

同樣一個「妖怪」，在跨族群的口頭傳述與目擊經驗裡又變化成不同的樣貌與傳說故事，例如：

小時候住在臺東市排灣族新園部落的閩南人林大哥，當年都和新園部落的玩伴一起去學校上課。某一天，其中一位玩伴不知為何失蹤了，全部落的人都幫忙找尋他的下落，後來才在新園溪畔找到他。林大哥記得，當時這事件鬧很大，那時父親告訴他說：「他們說是不知道被什麼東西給帶走了，還說下次不能沒有留下山刀就單獨把小孩放在家裡，我說那是被魔神仔牽去了。」

二〇一四年七月，在花蓮林田山傳出一位外地來的彭姓阿嬤被魔神仔牽走的事件，知道這件事情的阿美族長輩們都說：「這就是我們說的 Salaw 啊，你們平地人叫做魔神仔啦。都一樣啦，只是名字不一樣。」

住在花蓮縣光復鄉大興村、舊稱為 Okakai（烏卡蓋）部落的阿美族老頭目 Basa，提到阿美族 Kaliyah 的故事說：這是一個身材高大，有四、五層樓那麼高的鬼怪，腳一跨就是我們常人的幾十步。聽以前的老人家說，祂曾經從我們部落擄走一個年輕人，跨步往海邊而去，部落裡的人便四處尋找祂的蹤跡，後來 Kaliyah 便將那年輕人掛在高高的苦楝樹上，逕自往海邊的方向離開了。「祂大概就像是你們說的七爺、八爺吧，長得高大、手又長長的擺動著。」

這些發生在臺灣的故事和傳聞，都有跨族群共同經歷、彼此比擬「就是你們說的……」的情境，而變成另外一種不同場域的氛圍。其實每一個生長在臺灣的族群都曾經接觸過，都曾經對於山林河海、自然不可知的神秘境域產生共同的敬畏與想像；而每一個族群也運用自身的自然知識、宗教信仰和集體意識的思維進行詮釋，將其轉化為口述的故事與傳說，成為代代流傳的經驗。然而，族群之間並不是完全隔絕的，彼此之間的交流和互動也許比我們想像中還更密切而頻繁；既然我們都曾經見過、遭遇過相同的事物，那我們是不是能夠從這些共同經驗中探索屬於每個族群的心靈樣貌、思考邏輯上的異同點，進而瞭解我們的不同與相同究竟何在呢？

跨族群的認識，才是找回島嶼心靈的開始

土地永遠是撫育族群、安頓人心最重要的母親，不同的族群文化有著各自不同的故事與傳說，而同樣的一則異聞也透過不同族群的眼睛與心靈，進而產生各種不同的面貌和情節；土地上的故事傳說越豐富、越多元，也就代表土地上族群的心靈越豐饒，理解自然的思維越開闊，也擁有更多面對世界的方式。發掘或是找回土地的過往，我們便越能理解自己擁有的獨特性是什麼，並且找到走向未來的立足點。

如果我們從這個角度來看待臺灣妖怪，便會發現有很多妖怪至今仍是活生生的，因為祂們在跨族群之間流動、共同遭遇的過程中，仍然不斷的在改變自己的樣貌與情節，而創造出更多不同的故事與傳說：喜好在刺竹叢中作怪的魔神仔，到了阿美族口中成為了把人吊在苦楝樹上的 Salaw，在卑南族的世界裡又成為了怕熱的 Balaz，而且變成將人掛在刺蔥樹上……我們循著臺灣妖怪「變身」的蹤跡走去，也就是一條通往臺灣內在世界的冒險途

徑，一條瞭解臺灣各種維度面向的的指引路標。

當然，首先我們必須要謹記：多元性來自於對差異性的正視與尊重。每一個族群、甚至每一個聚落，都有屬於自己的世界與社會運作，所以即便同樣是阿美族的部落、或是閩南人的村庄，都會有所差異，我們可以從各地方言與習慣的差別體會這一點；當我們對於這些差異不再視而不見，屬於在地的獨特性和故事性才能萌芽而生，地區的歷史文化和生活脈絡也才能立體的浮現在我們眼前，我們也更能持平的來看待這些不同族群的臺灣妖怪，發現祂們隱藏起來的真正面貌與涵意。

在花蓮縣光復鄉的馬太鞍濕地，當地傳說到了夜晚，便會飄出鬼火來。鄰近大興村的漢人曾經見過，有時不只一個、還會有好幾團鬼火一起出現，甚至還曾看過兩團鬼火糾纏在一起。當地的阿美族馬太鞍部落長輩說這個叫做 Ling（炩），還說 Ling 很喜歡魚，在濕地捕魚前如果看見 Ling，今天大概就抓不到魚了；如果是捕完魚後才看見 Ling，你就要把漁獲中最大尾的一隻魚拿出來往上丟，把魚送給 Ling，然後趴在地上、把頭縮在草叢裡躲起來等祂離開。而兩團 Ling 糾纏在一起，就表示祂們在打架。

同樣是飄浮在空中、具有生命的火光，透過漢族群與阿美族的眼睛，看見的卻是不同的世界和思考方式。如果我們在漢族群所說的鬼火之外還能看見、正視並且尊重 Ling 的存在，我們等於又找到了一個「特有種」的臺灣妖怪，但是尋找祂的用義不該只是搜奇的心態，或是過於急躁地將祂放入學理分類，甚至貿然草率地挪用祂的形象到其他用途上。這是積累族群文化與想像、生活和語言而成的一種具體心靈圖象，漢族群怎麼看待這件事，而阿美族又為什麼會如此理解，意識到這一點，我們才能在臺灣當代的社會與歷史脈絡下，為祂們找尋一個最適當的位置，反映並且解釋我們某些難以言喻、卻又需要回應的心靈角落。

臺東縣東河鄉東河部落的馬武窟溪，流傳著貌似河童的小水鬼 Falanunu 的故事：牠是一種全身呈暗綠色、長髮蓋住全身、身形矮小的生物，偶爾會浮出水面，爬到石頭上曬太陽。老人家以前會告誡小孩子：如果看到馬武窟溪水是深綠色的部分，就不要下水，因為那是小水鬼的長髮在水中漂散開來的顏色，如果這時跳下水，就會被牠的長髮纏住而溺水。而且，據說小水鬼很喜歡找小孩子玩，如果小孩子跳下溪裡玩水，此時小水鬼又正好在水裡，牠就會把小孩子拖到水中想要與他玩鬧，卻不知道這樣會害小孩子溺斃。然而，其實小水鬼心地很善良，當地年過八十的老人家們曾傳說，在日治時代他們必須徒步前往公學校上下課，由於路途遙遠，有時都走到天黑了卻還沒回到家，當時還沒有建設路燈，孩子們就必須摸黑穿過樹林才能回到部落；這時，漆黑的樹林間便會點亮好幾個火把，飄在樹梢，跟著小孩子穿出樹林，就像是在為夜歸返家的孩子們照亮回家的路。有人回身望向馬武窟溪，看見溪床上正飄盪著好幾盞火光，好像是剛剛樹林間的那幾盞火把；有人說，那就是小水鬼點著的火光，陪著夜歸的孩子們回家，而這些親身經歷的孩子們至今都已是部落裡的高齡耆老了。部落的長輩們又說，五、六十年前曾有人在馬武窟溪捕魚時網到了小水鬼，大家紛紛跑去看小水鬼到底長什麼樣子——有人說，牠長得很像日本人說的河童，手腳都有蹼；有人說，漢人覺得看到了拍密仔（髒東西），忙著在溪邊燒紙錢拜拜；有人說那根本不是小水鬼，只是剛好撈到一塊木頭罷了。而也有人說，其實當時整個溪邊圍滿了人，什麼也沒看到。

不過，重要的不一定是這個故事一直被記得，而是故事後來怎麼再被說、在什麼樣的場合再被提起。從民間文學的口頭傳述價值來看也是如此。在馬武窟溪小水鬼的故事中，我們會共同記得這樣的事：我們知道溪裡頭有小水鬼，所以我們要懂得在安全的地點與時機下水，不可冒失莽撞，以免發生危險；我們知道自然之中還有其他物種的存在，而牠們曾經現身幫助過我們，所以我們也不應該過分擷取自然的資源，為牠們留下可供利用與棲身的自然空間。

每一種臺灣的神靈妖異都有祂／牠的身世來歷與人文背景，投射出我們內心無形的心靈面貌和空缺，讓我們都能透過這些神靈妖異學會對於自然的敬畏、人事的倫理與應對，透過各種不同的形式、文化型態與精神內涵，提醒並且填補我們從荒野走向文明社會的過程中遺失的缺角。當我們在跨族群的故事與傳說之間產生了共鳴，也許，我們就能找到如何理解彼此異同的關鍵，並且建立屬於臺灣族群的共識。

找回我們共同的心靈圖像，進而讓我們對島嶼的記憶和想像能夠更加清晰、更趨向同一種期待。我認為，這就是我們在現代的臺灣時空下追尋跨族群間流傳的妖怪身影的意義。

【附錄】

接觸民俗就是瞭解過去：專訪林美容老師

【林美容】
中研院民族學研究所研究員，著有《魔神仔的人類學想像》、《台灣鬼仔古》等書。

1. 從民俗的角度來講，靈、鬼、精怪與妖怪定義上的差別？

妖怪是妖魔鬼怪嗎？魔神仔是精怪，是不是妖怪的一種？我要補充，講精怪比較精確，講妖怪蠻奇怪的。「妖怪」有種日本的味道。說到鬼怪，鬼怪是不是鬼跟妖怪？還是只形容發生鬼的事件很奇怪。妖的意思則是物久就成妖。漢人有妖精和精怪的說法，但妖怪的定義是「妖精」加上「鬼怪」嗎？是當成一個複合名詞嗎？

這個詞本身會包含很多內容和類別，

變成不好去定義它。妖怪等於妖精加上鬼怪嗎？但妖精這個字眼，常常會聯想到狐狸精、蛇精——像是動物會幻化的東西，本體是動物。這跟魔神仔又不同，祂本體不是動物。有些動物精怪我們是會拜的，有些我們是不拜，像狐狸精我們不拜，但是如果有拜就變成狐仙。所以要說用「妖怪」，我是猶豫的。

現在年輕人受日本文化流行影響太大，日本妖怪本身有自己的脈絡，從流行文化裡面，從卡通和動漫去理解，和從日本民俗上去理解，說不定也是有差距的。臺灣走的比較慢，現在才正要開始，日本早就通俗化，廣泛運用，差距有幾十年。可是日本討論妖怪的現況可以用來預測我們未來的情況。就是說真正的民俗的存在，與文創作品呈現的不一定是一樣的東西。

之前我和日本人類學的學者討論，說魔神仔可能和日本的妖怪有關係。對方一聽就抱著頭，說：「一聽到妖怪就覺得煩」前幾年我去日本，到處都是妖怪，有各種妖怪的特展。對妖怪的討論，臺灣還不到厭煩的程度，畢竟才方興未艾，但之後很可能也會和他差不多反應。

臺灣有沒有本土的妖怪作品？譬如說紅衣小女孩，李家愷就說紅衣小女孩不夠本土，沒有呈現本土的味道。但我是比較寬鬆，我覺得應該給劇作家空間，要給他尊重，給他創作的自由。哪裡有說每個作品都要很本土？以魔神仔的特性來講，是不可能登堂入室的，但電影裡魔神仔會出現在家裡。所以電影裡面出現，讓大家很驚訝，說卡到陰讓他跟著進來，但又跟魔神仔的定義不同，這呈現的不是我在《魔神仔的人類學想像》討論的樣貌，這本來就有一定程度上的改編，是創作者的自由。

2. 魔神仔有狹義與廣義兩種意涵，一般而言，將狹義定義為精怪，廣義定義為鬼、不乾淨的東西。老師可不可以舉個例子，說明這幾種類別的差異？

鬼、不乾淨的東西是不同的類別，不乾淨的東西可以包含煞，你說「不乾淨」，俗語說「歹物仔」。民俗上的字眼有民俗上的意涵。一般人的用語裡頭就呈現了使用這個字眼本身背後的概念。很多動物精怪的東西沒有人去採集，精怪隱藏在生活，但沒有被發現，當然考據也有困難啦。

民俗上談「不乾淨的東西」就是所謂的「冤親債主」，你被冤親債主找到，這些是講前世的事情，不知道欠人什麼，對方死掉之後亡靈來找你。平常講的卡到、煞到，人類學強調使用一般人的語彙，你就可以知道他的意涵。有些是無緣無故，但有些是有前因後果，不知道是哪個世代的事。民俗上的觀念說「有恩報恩，有仇報仇」，但也不是說報仇就能報仇，民俗上的觀念是還要跟上頭的東嶽大帝拿「討報令」，才能去報冤、報仇。神明允許他做這件事，就是所謂的「冥律」，冥界有冥界的道理規範，不能隨意打破，那是冥界的法律。

不乾淨的東西在民俗有個概念，這個概念學界講比較少，一般學界講神、鬼、祖先，還有自然神，講太陽公、太陰娘娘、太歲，這些都是新神，土地公、石頭公都是自然神祇。這個一般人比較瞭解。

可是一般人不知道，「煞」這個東西，因為他是陰邪的，所以有時候又講「邪煞」。這個煞是和方位、五方五土有關係的，比方出門走錯方向，就被煞到。煞有很多，又和「關煞」有關係，所以小兒關、天狗關、白虎關等等都是煞。

大家要知道傳統的民俗並不是固定不變，它會有演化。在這個民族中，民俗文化可能有比較定型化的表現，但傳到別的文化中，又產生了不同的定型化表現。

臺灣民俗上不拜「煞」這種東西，但我們有時候也講他們叫煞神。所以不好的神有陰神、邪神、煞神。我們知道「鬼神」也是神，跟正神不同，但也是神。會拜的東西才能稱為神，七月普渡我們也拜鬼，所以有沒有人祭祀、祭拜，差別是很大的。像魔神仔我們是不拜的。

神明很大的特性就是會收服精怪，幾乎每個神明都有收服精怪的故事，你們如果收集起來，可能也是長篇大論。神明就是對這些不好的東西有鎮服、收服的作用，人民才能安定、平安。所以很多神明的隨侍神，比方千里眼跟順風耳，本身是金精跟水精的精怪，被媽祖收服之後，就成為隨侍神。不是只有媽祖會收服，很多神明都會，這是神明的本色。

我有一個「對頭理論」，就是說有人

就會有鬼，人死後變成鬼。有佛祖就有眾生，佛祖是要度眾生的，這是 conterpart 的概念，有神就要有妖，要有妖給他收服，不然如何成神？對妖來說，神明就是死對頭，厲害的時候可以威脅人類、擾亂人類，但碰到神明就沒轍。這個說法很結構主義，因為我本身就是結構主義的學者。

3. 關於靈，原住民的自然神，老師的想法？

阿美族有 kawas，有祖靈、有自然界的神靈。部落社會是泛靈信仰，本來什麼東西都存在著靈，幾乎等於萬物有靈論。這個其實也是人類社會很基礎的東西。我們以為漢人已經脫離部落社會，但我們其實還有很多泛靈信仰的遺跡，很多自然崇拜都是萬物有靈，石頭公、樹王公之類的。只是我們也有很多人格神，數量佔上風之後，看起來好像已經脫離部落社會了。

很多宗教說靈魂不滅，肉體不在了之後，靈魂去哪裡了？我不是研究靈學的，我這幾年做了很多關於「神明授法」、「神明教功夫」的研究。有些通靈的人只通神，有些人神鬼都通，有些人動物靈也通。要講靈，事情又更複雜了。抽象的、無形的、看不到的，肉體朽壞了之後，祂依然存在的東西，這可能是有普遍性的。全世界的民俗都認知到這個存在。

靈裡面有神靈、鬼靈，很多人追求靈性成長、靈修、高靈指導等等，很多各種靈的觀念。神靈跟鬼靈、各種各樣的靈不同。現在有些人從靈的概念去思考我們拜的神鬼，我們看到的是神像，但是對這些通靈的人，看的不是神的外在神像，而是裡面住的靈，他可以去溝通的東西。

4. 老師過去採集的傳說，是否可以看出社會變遷？是否有什麼範例可以說明？

我之前研究魔神仔的時候，認為魔神仔的傳說故事，是反映人類與大自然之間的關係，故事情節有很多跟大自然有關，這是提醒我們這種現代化的人類，已經和自然生活越來越遠離了。人生活的環境越來越人工，我們吃的、住的、用的越來越非自然，大自然變成我們應該要去回歸、去親近的存在。人類的需求其實是有的，這也是蠻普遍的。魔神仔這一、二十年，忽然迸出來，應該是有背後的意義。大家能很明顯感受到氣候的變化，天公伯要收人，災害造成集體的災難，動輒幾百、幾千人，自然災害，全球暖化，人類慢慢理解到對大自然的破壞，藉由魔神仔來檢討人類自身，祂本身是山林水域的存在，藉此提醒我們。也代表人類對這些未知的探索沒有斷過。

5. 臺灣的民俗活動中也有祭祀精怪，比如千里眼和順風耳，在民俗上祭祀陰神和正神有什麼差別？

魔神仔我們是絕對不拜的。馬祖島上會拜狐仙，福州系統的人本來就習慣拜狐仙，包括他們的五靈公，烏嘴猴臉，有動物精怪的形象。這些精怪轉化成神了，我們就稱之為神而不再稱之為精怪。精怪這個詞本身就是不拜的。精怪不一定是被神收服才成神，他們本來就有特殊能力，妖啊、精啊，我們文化本身就有修行的概念，精怪本身可以修行、修練。即使是人也可以修行，在世修行，死後也可以一直修行。

民俗上有這樣的觀念：聖、神、仙、佛。聖，是活著的時候修為好，我們說孔聖、孟子等，活著可以成聖，死後也可以成為聖人。聖、神、仙、佛是修行的位階，佛是解脫，超脫輪迴。聖離人的世界比較近，人可以修聖，但是要修神、修仙是很難的。要解脫、要得智慧更難。

民俗上有修行這樣的觀念。可是佛法中的觀念，天、人、阿修羅、三上道、地獄、畜生、惡鬼道，每一道都可以修行。那當然妖精也可以修行，這些精怪跟著神旁邊也可以修行。有些神你不會知道祂的本體是什麼，但是福州系統是有動物的形象。比如大陸的東北拜很多蛇仙、狐仙，變成神之後，能夠幫很多人解決問題，就有很多人拜祂。但這樣的情況畢竟是少數。

像我們閩南的系統裡面，沒有狐仙。動物信仰是有的，不過你很難說這是精怪。

像虎爺普遍認為是神明的坐騎，不太算是精怪。他比較弱嘛，比神明低，所以一定要在神龕底下。馬來西亞、新加坡那邊的虎爺就做的很大尊，有時候兩旁都有，這就是每個地方祭拜方式不一樣，我們這邊的虎爺就不是這樣。可是虎爺也有些分別，比如飛虎、地虎，但詳細我也不太清楚，但這些不是從精怪延伸出來的，像虎爺跟虎姑婆完全沒有關係。

我覺得很多臺灣動物精怪的傳說，需要好好蒐集，鰻魚精、豬哥精……說到地牛，算不算精怪？有些地方去描述地牛的傳說，但這不代表地牛就是妖精，地牛只是人們的生活經驗，認為地底下有生物存在，和「物久成妖、修練成精」的概念還是有區別。

6. 老師最近有出版《台灣鬼仔古》，臺灣的民俗學比較少出現在大眾的眼前。老師覺得臺灣人需要去了解鬼故事與民俗嗎？這之中的重要性在哪呢？

民俗就是生活經驗的累積，我們的學校教育不讓我們的學生了解民俗，學校教育和我們實際生活差距過大，這很麻煩，好像上學就是要去讀書認字。整個 schooling 都是西方教育的觀念，所以你受的教育越高，你越忘了自己是誰。和自己土地上的文化無法共鳴，這是很嚴重的。整個東亞地區，臺灣的代溝是最明顯的。

接觸民俗就是一種去了解的方式。有些年輕人願意去跑廟會，這讓我覺得社會比較有救。但還是有些傳承是很困難的，很多口說的傳承，民俗東西很多是口說行動，生產出文化的內涵。傳說、故事、諺語、歌謠，都保留了很多先民的結晶，一句話保留那麼久，一代代流傳下來，一定有它的價值在。有些少年不會講母語，這就表示他的文化和價值觀接不上軌。這些鬼仔古用臺語寫也可以啊，但用臺語寫的話，讀的人就更少。

鬼故事本身就是口說文化很重要的一部份，在我開始研究之前，根本就不知道這些傳說這麼普遍。我在訪問的時候，只是說要出這樣的書，就一堆人搶著要講給我聽。表示這是很多人共有的生活經驗，無法言說的神奇、靈異經驗，平常沒有人敢講，因為怕被當瘋子。鬼故事有這麼多！民俗上把「遇到鬼」當成不好的事情，所以大家都不講，這是我在做這本書時很震撼的事情。而且出完書之後又收到很多回饋，都可以再出下一本書了。很多人說鬼故事是瞎編出來的，為了要騙人、嚇人，比方說大學校園很多鬼故事，男生嚇女生，但其實不一定，很多是真有其事，不然怎麼會這麼多人都在講呢？

7. 從我們剛剛討論的定義，妖怪是複合名詞，也比較偏日本。老師對妖怪在民俗學上的定位怎麼看待？

如果真的要用「妖怪」這個詞的話，魔神仔就是很大的範疇，動物精怪也是很大的範疇，有很多傳說故事存在，但是現在還沒有人把它的傳說兜攏起來。有鬼就有怪異的事情，但並不是說鬼怪就等於是鬼，妖怪這個名詞少講很多東西，比如鬼怪，那鬼仔古那些感受到的鬼，臺語講得那些「無形的」或是「歹物仔」，那也不一定是妖怪。所以說很多東西的存在，意義不太一樣。學術界會用比較精確的詞，比如精怪，魔神仔本質是山精水怪，在漢文化中，祂一直存在。

單純就精怪去做定義，精怪和鬼怪又不一樣。魔神仔不是動物精怪，他不是「什麼精」，精怪的話，可能就是魔神仔加上動物精怪，還能包括什麼？千里眼跟順風耳，你叫他金精、水精時，他就是動物精怪。但是變成「千里眼」、「順風耳」，他就不是精怪了。精怪不可能放在廟裡面，他已經被收服了，變成可以行使、增強神明權威，變成輔助神明的人。這是可以擺在廟裡拜的。

有些精怪會變成神，但拜精怪的人又不會覺得他們在拜精怪，像狐仙、五靈公等等。這就是有個概念，很多人搞不清楚。很多人說有應公、百姓公拜了是在拜孤魂野鬼，其實不是，你一旦立祠、有廟、設上香爐之後就不再是孤魂野鬼，已經變成陰神了，陰神也是神，不是孤魂野鬼。孤魂野鬼是七月好兄弟在拜的。這就和精怪的概念一樣，一旦被拜，祂就成神了，就會抹除從前是精怪的想法。人只會去拜我們認為是好的、正面的、對我們有用的，神明就是有拜有保佑，精怪的概念就是會捉弄你、嚇你。人們不會因為希望不要被捉弄而祭拜精怪，這是不可能的。

8. 如果要去定義民俗的話，老師會怎麼定義？

民俗就是人們的食衣住行育樂、日常生活，這些林林總總的，有形的、無形的、具體的，民俗有些是有形的東西，可是很重要的是背後不可見的、無形的，民俗的理念、價值觀、邏輯。

不能只看到外表，民俗是有義理、有

道理的，很多人覺得民俗好像粗俗、無厘頭，其實它有自己內在圓滿的邏輯，表現我們對世界的想法，包括剛剛問的魔神仔，都是傳達我們的想法。有神明就有妖，有人就有鬼，有佛祖就有眾生。民俗既是我們生活的世界，也是我們建構的世界，背後有一套文化性的想法，屬於這群人的想法。

社會不斷地變遷，民俗當然也會跟著人群與社會變化，不會一成不變。可是剛剛講的，我們有提到民俗有「看得到」和「看不到」的，那些看得到的表象、現象、器物，比較容易改變，變動很快。但那些看不到的，如想法和義理，這個層面的改變不會那麼大，要變是比較困難的。如果有人類學概念就很好懂，文化是有層次的，我們說基層的文化，跟日常生活有關的技術、物質面的東西，有社會制度的設計，這是結構面的東西，政治、社會。更上層的想法、思考、心態、人生觀、宇宙觀等，上層的這些東西是超結構的，而超結構的東西不易改變。

一般民眾對超結構的東西不易理解，但是從傳說故事還是有可能理解到超結構的意義。像鬼故事也是需要去做很多探討，你怎麼從鬼故事去看漢人社會的建構？像牛頭馬面，你說漢文化沒有牛頭馬面，為什麼鬼故事會存在？文化是無意識、集體的東西，我們在文化中生長、長大，這個東西已經 built in 在你生活中，這是無意識的。當我們在講述傳說故事的過程中，文化的東西已經不知不覺影響了你。

9. 老師認為妖怪學最後會走到哪邊？現在有很多人對這些過去的傳說是非常有興趣的，希望藉由這些去探究臺灣文化的根源，您是否有想對這些人說的話？

這些傳說故事，不管是魔神仔、鬼仔古，或者以後有人好好收集動物精怪的故事，我們對本土了解越多，創作的素材就越多。如果天花亂墜、胡思亂想的東西也叫創作……創作要有所本的，如果沒有民俗的素材，創作的營養養分就會不夠。我們是學者，會覺得這些基礎的東西好好調查研究，把學術論述做起來，以後創作會比較穩。

擺在眼前的事實，創作作品動輒一兩億，那就沒有人要去做研究，都去創作了。如果就為了賺錢，誰會去搞這些研究賺不到錢、呆頭鵝的事情？日本妖怪的創作，做了很多文學、藝術、影視，這是因為他們研究歷史很長，才能夠高度娛樂化。如果沒有傳說的調查與研究，素材就是那幾樣，大家用來用去，創作當然就辛苦了。有時候我們覺得做學術工作好像沒有用，外面人也不了解，可能會覺得沒賺什麼錢，但這些是很重要的。

逐字稿：楊海彥
記錄整理：謝蓓宜

社會原來妖怪這麼近

若你覺得現代社會已經沒有妖怪存活的空間了，不妨往都市深沉的陰暗面找尋，必能有所斬獲。

第四講

都市傳說的妖氣
～都市傳說大補帖

文／蘇碩斌
臺大臺文所教授，文學社會學研究者，著有《看不見與看得見的臺北》，主編《百年不退流行的台北文青生活案內帖》及《終戰那一天》等非虛構作品。

都市應該無妖？

現代都市，似乎不能有妖怪。也難怪，天空有飛機和衛星在奔走，地底有捷運和管線在穿梭，妖怪如何存在？不過，並不表示現代都市不需要妖怪。現今世界的「都市傳說」，或許擔負了妖怪的職責，在調節著人與土地、自然的關係。

都市傳說（urban legend）作為學術概念，雖然才被提出幾十年；但作為社會現象，則應該是綿延自悠遠歷史的鄉野民俗傳統，與妖怪的關係也可能極為密切。

「都市傳說」這個一舉成名，始自一九八一年美國猶他大學民俗學教授布倫凡出版《消失的搭車客：美國都市傳說及其意義》（註3）。這本書蒐集並分析了大量都市傳說的敘事模式，書名取材自美國當代經典級的民俗傳說。「消失的搭車客」故事內容，是一對年輕男女開車途經都市邊緣的十字路口，看到一名女孩佇立路邊，善意的男女熱情載了女孩，要到五英哩之外一棟特徵明顯的灰色大宅。抵達時，一回頭，女孩已經消失，好奇的年輕人按了電鈴一探究竟，應門的年邁夫婦聽完，緩緩拿出一幀遺照，是二十年前在十字路口橫遭車禍死去的女孩，每年生日就攔一部車回家……

都市傳說，總是以「我聽朋友的朋友說……」作為開頭，作者不可考，但情節頗完整、場景不陌生，一聽還可信幾分。聽者在緊張氣氛中聽完，雖然虛實難辨，但也不至於特別

註3 Brunvand, Jan Harold. (1981) The vanishing hitchhiker: American urban legends and their meanings. New York: W. W. Norton & Co.

想去查證，於是下回在飯後嗑牙、營火晚會，就不自覺傳述一遍這個「我聽朋友的朋友說」的故事。細節記不清楚，無妨，加些自己的改編，有時效果更好。

從「消失的搭車客」這類的故事，可看到「都市傳說」基本定義的兩個重點。第一是故事內容必須很像真的：不論恐怖驚悚或溫馨幽默，不論是否虛構，最終表現出來都是「很像真的」；第二是傳散方式以口耳相傳為原型：都市傳說鮮少在大眾媒體公刊，總是在幾分真實之上暗藏幾分神秘，聽者倒吸一口氣又覺得有趣，就會再次展開口語傳播；也因為是口耳相傳，內容不可能精確，敘事過程會不斷加料，原始情節也會被改編成在地版本。

因此，都市傳說的場景，不一定只限在都市、主角也不盡然是都市人。重點在於，故事在當代都會仍沿襲著傳統鄉野「口耳相傳」的模式在傳遞，為光怪陸離的人類現象提供半戲謔、半認真的解釋。都市傳說，或許就是現代人飽受科學理性支配、卻在內心敬畏超自然力量的一種夾縫吧。

都市傳說被布倫凡稱為「我們當代的民俗故事」，意思是民俗故事並不停留在傳統鄉間社會，而是隨著時代變化，而在傳遞形式、故事內容隨之進化。布倫凡整理的都市傳說，體材無奇不有，例如，公寓、商場、速食店、車站等現代建築物，汽車、電話、微波爐、貓狗、蛋糕等生活小事物，其實都存在於當代人身邊。都市傳說，因此不太會是偏遠的鄉野奇譚，而是能夠觸動現代都市生活經驗的敘事。都市傳說者，例如異地住宿，進門先要敲三下；

一夜萍水相逢，隔天少一枚腎臟醒在冰水浴桶，靠近市內水域，遇見下水道的大鱷魚出沒。

值得一提的，布倫凡考察了相信和傳遞都市傳說的人，以年輕、居住都市、中高教育者居多，而且都是在非正式團體才會口耳相傳。當代的 Facebook、Instagram 等社交軟體或私訊社群，無疑是都市傳說如魚得水的通道。

都市傳說，形式確實像極了傳統民俗，一樣的故事結構、一樣的口耳傳播，只是隨著現代都市進化為新的處境、新的焦慮。

都市傳說，是妖怪的延續

但要注意，都市傳說反映現代都市的焦慮，並不是訴諸「不做虧心事、不怕鬼敲門」的道德勸世文，也不是指都市傳說單純只是人類無中生有的心理投射，更不表示都市傳說查無實據、等同迷信。

這裡要強調的是，都市傳說具有「地域性格」，不論多麼可愛或多麼恐怖，都是在調整人類與地方的關係。借用日本老牌民俗學者柳田國男談論「妖怪」與「幽靈」的差異，或許有助說明。

日本學術界對於「妖怪」很早就有理論產出。柳田國男之前，最卓然有成的是哲學家井上圓了十九世紀末開始發表《妖怪學》系列作品。不過，這位井上先生致力以「哲學」解開妖怪的迷信假相，因此先要世人辨明各種妖怪，科學無法解釋的是「真怪」，自然現象實際產生的是「假怪」，人心誤解或恐懼而產生的是「誤怪」，人為造成的是「偽怪」。井上先生認為，世間凡人所見妖怪幾乎都是誤誤偽怪，「若點哲學之火於各自之心燈，則從來千種萬類之妖怪，一時霧消雲散」。

堅守哲學信仰的井上先生說，世間的五成偽怪、三成誤怪、二成假怪都是迷信，都將遭到破解，唯一留存的真怪即為「理怪」，就是生死無法參透的人類本質，也是各個宗教追求的宇宙秘密終點。戴著井上圓了的眼鏡來看，我們要談的妖怪從來都是迷信，物理上不會存在、也不具備歷史人類學的意義。

民俗學者柳田國男的想像就完全不同了。一九三〇年代就投入妖怪研究、一九五六年改寫出版《妖怪談義》的柳田國男，開場就說自己的鄉下父母看待妖怪的態度，「與井上圓了先生截然相反」。柳田國男以敬畏「不可知世界」的心，提出妖怪是「神的零落」之論點，亦即，某神明因某原因遭到謫貶零落，即化為妖怪。因此，妖怪與神明是一體兩面，是民俗信仰不可或缺的一柱。但是，很關注妖怪的柳田國男，卻是絕不討論幽靈，更反對將幽靈等同為妖怪。

有何不同？幽靈，是主體投射出去的暗黑心魔，在複雜的城市生活環境最易滋生；妖怪，則是具有客體意義的存在物（雖然未必是物理形式）。柳田國男蒐集大量素材歸納出來妖怪行動準則：第一，妖怪只在專屬的特定領域活動——不像幽靈總是盯上一個人就追到天涯海角；第二，妖怪喜好與過往百姓打交道——不像幽靈總是執著「我要找的就是你」的信念。

因此，恪守「不做虧心事、不怕鬼敲門」勸世格言，只能避開幽靈這種個人式心魔，卻無濟於閃躲佔有特定地域的妖怪。另外，幽靈總在人心最脆弱的深夜出動，而妖怪則能在任何時間現身，但特別鍾愛光與暗交界的「黃昏」，沒有電燈的人們匆匆擦身、面目模糊，是妖怪最好遁入人間的時候了。這也迫使日本舊俗稱呼黃昏為「逢魔時刻」，有一種妖怪叫做「隱神」，就是最愛在黃昏時候拐走小孩，因此一到黃昏不准玩捉迷藏，在很多地方都是民間規矩。共同體內部總要約定黃昏相會必須出聲，以確保來者是人不是妖。

柳田國男妖怪學所熱衷的時空對象，卻只限於前現代的村落，而沒去想妖怪演變到當代都市要做何解釋。但是古代的共同體早已消失殆盡，一九六〇年代起的日本，更一路挺進超高度都市化的時代。柳田國男的幽靈非妖論，說明了一個重要的原理：妖怪並不是漂泊浮浪的存在物，妖怪是固著在土地、具有領域性的意義。

由原本的村落轉移到都市，都市傳說，因此就可視為妖怪學思維的延長線了。

在都市的混雜「境界」裡

村落是熟識者朝夕相處的共同體，都市卻是陌生人構成的新社群。民俗學的妖怪論，勢必也要轉向。宮田登一九九〇年的《妖怪の民俗学》，就是妖怪生活在都市的現代新解讀。宮田登循著柳田國男的妖怪論，先肯定妖怪是客觀的存在，進而分析江戶時期至當代的妖怪群像。他指出，妖怪較易出沒的「民俗空間」，在傳統時代多是封閉意義的地方，而愈接近當代，則具有內外交錯意義的「境界」則漸多。

「境界」指的就是曖昧混雜的地方，例如十字路口、廣場、橋樑等等，是社會內部不甚熟悉，但有可能碰觸到的外界。

宮田登舉例，封閉式土地意義的日本妖怪傳說典型，就是「皿屋敷」，意為「飛出杯碗盤皿的屋舍」，故事原型是女子阿菊（お菊）到地主家裡幫傭，不慎打破主人寶貝的瓷盤而遭到虐逼，最後含憤投井自盡。不久之後，夜半的水井裡就會丟出一個又一個的盤子，伴隨著一、二、三……的計數聲。故事源出十六世紀室町時代播州（現姬路），但在十八世紀江戶時代大量流傳，全日本都有各種變體皿屋敷傳說，丟出的物件也因改編而出現杯子、花瓶及各種家具的版本。

相對的，交錯式境界意義的妖怪傳說，則可以「通り悪魔」（大馬路惡魔）或「髮切り魔」（割髮之魔）為代表。這也就是當代各地都不時出現的衝動殺人、隨機殺人的原型。「通り悪魔」的基本元素是「突然抓狂的人」，不限男女、沒有事由，也就是某人途經某處，就突然發狂砍人，甚至殘殺自己。事後的記錄會寫說，發狂是因為被一個白衣人遮住眼睛、然後不由自主亂砍一通。「通り悪魔」後來加油添醋的版本，則是隨機割人長髮版的「髮切り魔」。

民俗傳說的歸因，指向妖怪邪鬼在穿越領域的「內部和外部」之際出狀況，因而攀附上身過往的人，亦即俗稱的作祟。傳說的大量出現，反映的正是江戶時期，日本社會漸由穩定的「地域內部」朝向「外部世界」的大量流動時代。

傳統民俗學者如柳田國男考據的妖怪，隸屬前現代的時空，「境界」這種半生不熟的空間，人類世界不會常去碰撞；但是距今兩百來年前的十八世紀末，西歐用啟蒙理性推動兩個大革命而開啟「現代」之幕，狀況就全然不同了。

現代都市，是以「光亮」和「流動」的原則構成的空間。現代都市計畫的創始，一般認定是一八五二年豪斯曼（Baron Georges Haussmann）以塞納省長之姿發動的巴黎大改造。原本的巴黎，滿滿是雨果《悲慘世界》裡共產黨反抵君主體制的街壘和角落，陽光照不到土地，都市是革命家、罪犯、娼妓、流浪漢側身的樂園。但在統領警察權的豪斯曼手下，十餘年間就改造為輻射道路、圓環廣場的新巴黎，都市於是擁有前所未有的透視開放性。

豪斯曼的都市改造，不只是西方都市的榜樣，也被日本採納為一八八八年東京市區改正的構想，並且實際運用在一九〇五年臺北市區改正計畫之中。

「通り悪魔」雖是兩百年前的日本江戶時代就有的傳說，也可說是人類大舉侵入新領域的警示。不論妖怪在「物理客觀上」的真或假，傳言機制都真實在運作，到了戰後日本高度現代都市化的時期，已是無可迴避的問題，看待妖怪的世界觀，當然也須隨之改變。妖怪大量出沒都市的「境界」，無疑是民俗奇譚邁向都市傳說的轉型期。

每個地方都有其恐懼，所以妖怪在鄉野世界保有領域性，隨著都市的大量成長，人間也新增加許多陰陽、光暗、城鄉交雜的「境界」，當然是都市傳說的好發之地，例子不勝枚舉。例如，「下水道的鱷魚」發生在都市生活的上下交界，「廁所裡的花子」發生在清潔與汙穢的乾濕交界，「如月車站」發生在進出都市與外地的內外交界，還有各種隧道、鏡子的都市傳說，也都是在反映或化解「境界」引發的人類不安。

都市社會的新妖怪

人類對鄉野空曠的焦慮，就轉嫁給湧入都市的陌生人；對超自然的恐懼，則讓渡到各種現代發明的新科技了。

現代社會終結了以村落為主的聚落模式，取而代之的都市，最根本的特質正是社會學家洛夫蘭（L. H. Lofland）說的「陌生人的世界」（World of Strangers）。

什麼是陌生人？社會理論大咖齊美爾（George Simmel）有一個經典定義：今天來、但是明天不會走的人。陌生人不是與我們生命毫不相干的過客，而是和我們一樣大量移居來到都市、而且未來必須無可逃避的共同生活者。

前面提到布倫凡用作都市傳說代表作的「消失的搭車客」，事件發生的十字路口、載送的陌生女子，都是都市世界的獨有。陌生人有多恐怖？如何與陌生人共處？是人類追求行動自由的難題，其實也是人類必須付出的代價。

齊美爾另有一篇都市研究的經典之作「大都會與精神生活」（Metropolis and Mental Life），論證都市聚集來自四面八方的人，道德標準也有大量差異，如果對所有人與事皆投入關注，神經系統必定崩潰。人在都市為保存自我生命，結果就是透過「精算」來選擇性回應，也就是，要把眾多的差異（difference）化約為無差異（indifference）。無差異，竟是「冷漠」的同義詞。

陌生人的世界何其冷漠。人類能夠安然生活？不需要調節機制嗎？可是光亮的都市，妖怪似乎已經沒有棲居地，「都市傳說」是否扮演起這樣的作用力，也就特別耐人尋味。

一九六四年美國紐約一件殺人案衍生的「凱蒂事件（Kitty Genovese Case）」，就是控訴都市陌生人冷漠的經典。

三月十三日深夜的紐約皇后區，二十八歲女子凱蒂步行回家，遭到一名男子跟縱騷擾，最後在這個中產社區中沿街追殺致死，時間長達三十分鐘。凶殺案後兩星期，《紐約時報》頭版刊出聳動的標題：「三十七名目擊謀殺發生未報警 皇后區女子被殺反映的冷漠震驚警界」。二名記者的報導寫道：「將近有半個小時，皇后區三十七名平日奉公守法的紐約市民，隔窗觀看一位年輕女子在街上被三次追殺致死……沒有一個打電話報警」，只有一人事後才報警。（編按：《紐約時報》刊出時寫三十七名，後來出書時變更為三十八名。）

事件頓成現代都市冷漠無情的鐵證，《紐約時報》主編羅森塔（A. M. Rosenthal）還將事件彙集出版《三十八名目擊者》（Thirty-Eight Witnesses），社會心理學界也在一九七〇年發展出「旁觀者效應（Bystander Effect）」的理論，指證一個人以為別人會做而減弱責任感的後果。

城市確實冷漠。然而「三十八名目擊者的無情」是真的嗎？事件過了四十三年，二〇〇七年竟有三名心理學家翻出當年警局文獻、報紙記載比對，最後在學術期刊American Psychologist 發表論文大翻案。論文說，記者並無根據可確認三十八人站在窗前成為目擊者，現場也非無人報案，只是多通電話因接聽員警誤判案情而把案子吃掉了；還有，追殺只有兩次而不是三次，凱蒂也不是慘死現場，而是傷重被警察送到醫院後才宣告不治。

然而，即使學術界已推翻「三十八名目擊者」的真實性，二〇一二年還是有法國導演Lucas Belvaux改編為電影《38個證人》（38 témoins）、二〇一四年美國暢銷電視影集A Crime to Remember也推出一集演《38個證人》（38 Witnesses）。

真假並不重要，持續傳遞的訊息機制，才是應該注意的關鍵。由此看來，凱蒂案可說是「都市傳說」的另類典型。

都市傳說，確實並不以故事的真假為重點。「都市傳說」的基本元素，是都市人在特定時空需要的母題（motif），以及口耳相傳的「傳言遊戲機制」。陌生人，就是都市傳說最強的母題之一。例如日本的「階下の住人」、臺灣的「樓下的房客」、美國的The Roommate's Death，都是善用陌生人恐懼效應的都市傳說創作。在當代租屋住宿盛行於年輕學生的時代條件下，沒有長期住所造成的領域感缺乏，對於必須毗鄰而住的陌生人之擔憂不安，感受既具體又真實。比起古老鄉野傳說，這種心理距離確實十分接近，也是「朋友的朋友」的故事傳遞下去的動力。

與新科技共處的不安

工業革命之後推陳出新的科技，廣義來看，也是新舊交錯的「境界」。科技物，彷若原本陌生、但又必須熟悉的外來者，初始接受總是滿滿焦慮。尤其是科技物都具有創新、變化、驚異的意味，最適合喜愛都市傳說的年輕、高教育族群。

都市傳說的各種科技物母題之中，汽車和電話，應是最具代表性的二個。汽車雖然發明於十九世紀末，但標準量產而大舉進到人類世界，則是一九〇八年福特T型車時代，而在經濟大蕭條的一九二〇年代末，世人更是夾雜諸多愛恨而大肆流傳汽車傳說。二十世紀的都市傳說，就有很多是從民俗傳說進化而來，布倫凡書名的「消失的搭車客」就是一例。

根據考察，「消失的搭車客」最早甚至可以溯到一八七六年，基本元素相同，都是鎮外遇見攔車、乘客隨即消失、早已死去多年。不過，蒐集到的十九世紀故事裡的交通工具，卻是徒步版本和馬車版本。也就是說，這個故事從傳統民俗轉到汽車時代，不僅沒有亡佚，反而發揮更重要的作用。這個傳說不只在美國流傳，二次戰後有學者在韓國也考察到幾乎相同的都市傳說。

汽車傳說的另一個代表作，是「男友之死」。情侶在暗夜的偏遠小路車震，卻發現汽車沒油，強壯的男友決定外出求援。膽小的女友獨自留守，遵循男友交代，沒有聽到暗號不可打開門鎖。竟夜只聽見車頂有詭異的聲響「嗒、嗒、嗒」，男友沒有回來。天亮，警察走近，要求女孩移到警車離開，再三交代：「絕對不要回頭看！」

但是女孩終究回頭看了。就如希臘神話裡到冥界尋妻的奧菲斯（Orpheus），明知不可卻忍不住。一回頭，男友滴血頭顱就倒插在汽車天線，一晃一晃敲著車頂……

故事的基本元素穩定而古老，但在汽車文化裡有了新生命。其他像是「後座殺手」、「生前愛吃蘋果的坐車女子」等等都是，因為暗夜搭車、郊野拋錨、偷情車震的新體驗駕臨人間，故事重新大量復活及新創，與民俗口耳相傳的路徑，確實十分相似。

電話也是都市傳說的鮮明母題。

電話雖是當代人最貼身的私物了，但是最初進入民間，真的帶來焦慮。

臺灣的電話普及，是從一九七六年「村村有電話」政策的廣布線路才開始，而且一開始都像張君雅小妹妹那樣，接打電話都要跑一趟村長家。日本媒介學者吉見俊哉在《聲的資本主義》之研究也顯示，日本一九七〇年代初期一般家庭開始流行裝電話，都是裝在玄關門口。那支外型烏黑、傳來人聲的機器，像是不相謀面的第三者，電話一響有如外人進門，當然必須謹慎。是後來人類和電話愈來愈熟，才逐漸擺上客廳、拉進房間，乃至機不離身、忘了帶就極焦躁。

「保母和樓上男人」（The babysitter and the man upstairs）是電話傳說的名品。年輕

女大生打工在富裕人家當臨時babysitter，哄了孩子們睡著之後準備休息。不久，電話數度響起，話筒裡男人冷冷地笑，說：「去看看孩子！」保母女孩心生恐懼，打給接線生求助。不久，接線生告訴她，電話從同一棟宅邸的樓上撥出……

結果的版本很多，但是男人多半持刀下樓，女孩尖叫逃避，睡著的孩子則是兇多吉少。這也就是電影《奪命電話》（When a Stranger Calls）的原著。對於挾帶外人聲音的電話置放在家裡的不安，衍生而出的都市傳說數量很多。午夜零時撥出幾個0可以直通前世的「地獄電話」也流傳長久，臺灣七月十五前後更是傳說的高峰；另外如「瑪莉的電話」裡拿著手機步步逼近的鬼娃，則是近年行動通信時代較嚇人的故事。

科技物的不安一直都會釋放開來。如果省思鈴木光司小說《七夜怪談》，錄影帶裡頭預告著貞子將從傳統世界沿著「電視」攀爬而出的畫面，或許是提醒現代人的警訊：我們溺愛的電視機，其實潛藏驚悚的危機。

人己關係的調節體系

就如布倫凡的主張，「都市傳說」應該是當代社會的民俗。都市傳說的精髓不在故事自身，而在於一如古老民俗的口耳相傳網絡機制。正如宇佐和通主張的，都市傳說是一個

「巨大的傳言訊息遊戲」。

日本民間傳說「牛之首」（牛の首），可以用來理解都市傳說的重點在於傳言機制。「牛之首」號稱日本史上最最恐怖的怪談——聽到內容的人都因異常恐懼而嚇死，也因為太恐怖，所以聽過故事的人都已不在人世。

有人考察故事骨架是「天保大饑荒」惡人迫使老弱戴上「牛頭」以殺食之。但是這裡要說的是，「牛之首」的核心在於社會需要恐怖的形式，不在於內容。宇佐和通也說他撰寫《都市伝説の正体》的工作，不是為了蒐集多少巨量的奇聞，也不是為了辨識出傳說都是假造的，也沒有意圖要安慰世人必須相信科學。都市傳說的重要性，是依賴「被接受為真」而繼續傳遞下去，聽者和說者，都捲入巨大的「傳言訊息遊戲」而有效運作。

彷如文學也能對抗世界一樣，傳說，也在調節人與自然的關係。

一九七四年，王禎和短篇小說〈伊會唸咒〉，故事是一個小鎮的章議員想要收購土地做開發，也就是今天統稱的「都更」。但當收購的動作侵犯到家園，問題就會浮現。妖魔傳言，就是一種反對的力量。堅決守護先夫產業的寡婦阿緞，拒絕各種條件的徵收，章議員和手下恩威並施都無效，就發動市井謠言編派偷漢子情節，想把阿緞逼到無路可走自動離去。阿緞懊恨難耐，衝到議員面前大喊「你出門會給車子撞死」。過幾天章議員竟然真的在路上撞上砂石車橫死，全鎮都相信寡婦阿緞是會唸咒的女巫，從此敬畏不已，家園終於留存。

當然大快人心，因為正義伸張——雖然是以超乎法理的無奈形式完成。可是小說大快人心的集體情感也透露，市井傳言並非只是惡霸毀謗弱小的武器，也能夠是保護土地正義的機制。是傳說製造了女巫，民間社會才能抗議不當壟斷土地、胡亂開發的現象。日本或臺灣，都有時代要面臨都市開發，都有一批心靈在反對，這是土地與妖怪的知識來源。

科學理性必然有無法窮盡的領域，因此，人類總是必須敬畏超自然的「不可知」。當人類不斷開發天空、地表、土底的一切一切，其實也不斷在改變人與自然空間的關係。有時，關係會太過靠近，有時卻又太過疏離。不要太期待政府機構、知識份子可以挺身解決問題。都市傳說就以「牛之首」的機制誕生，內容會轉移、能重生，真實發生與否可不必問。一旦成為都市傳說，透過都市人談論而滲入生命，那麼「我朋友的朋友」就自動扛起責任。「都市傳說」是沒有作者的文學體系、都市人己關係的調節機制。

第五講

臺灣都市傳說的在地性

～在臺灣尋找都市傳說是否搞錯了什麼

文／長安

本名謝宜安，一九九二年生。臺大中文所碩士生，臺北地方異聞工作室成員。《城市邊陲的遁逃者》、《說妖卷一：無明長夜》、桌遊《說妖》共同作者。

臺灣有都市傳說嗎？

前一篇，蘇碩斌老師介紹了「都市傳說」——包括美國、日本，以及部分臺灣的都市傳說。聰明的讀者或許已經發現了一個現象。

那就是，比起臺灣的都市傳說，我們更熟悉美國跟日本的都市傳說。

而我們還不覺得這有什麼奇怪的。

但是，真的「理所當然」嗎？

臺灣人不熟悉臺灣的都市傳說，難道，是因為臺灣沒有自己的都市傳說嗎？

在討論臺灣之前，我們先檢視我們如此熟悉外國傳說的原因。大眾認知到「都市傳說」的內容，主要是透過大眾娛樂。例如因為「獨角獸查理」而知道「盜腎傳說」，或是因為閱讀《靈異教師神眉》而知道裂嘴女、花子跟人面犬。但我們之所以能在創作裡頻繁看到都市傳說的身影，恐怕和美國、日本在蒐集、研究方面的努力有關。

理解這個上下游關係，我們可以發現，「都市傳說」是有其「產業鍊」的。而這個產業鍊，可以分成三個階段：

1. 流傳
2. 蒐集與研究
3. 創作

都市傳說在最初的「流傳」階段，只是傳聞或故事。它也可能會和「都市傳說」這個詞綁定在一起，但只是偶爾。講述傳聞的人們，對於它如何開始流傳、反映了哪些焦慮，都不清楚。

但到「蒐集與研究」階段就不同了。這個階段將會「定義」都市傳說。某些傳說開始和「都市傳說」這個概念綁定，成為我們想起「都市傳說」這個詞時，腦中浮現的具體案例。綁定的過程是透過文章、論述的反覆定義。初階者，像是「十大都市傳說」或「最恐怖的都市傳說」的網路文章；進階一點，會有作者或出版社搜集足夠份量的「都市傳說」資料，出版成可供輕鬆閱讀的大眾書籍。雖然這個階段的整理無法給出嚴謹的定義，但至少會提及都市傳說誕生的時空背景。更進階者，則是學術專書。布倫凡的奠基之作《消失的搭車客》就屬於這一類。除此之外，他還出版了《都市傳說百科》，收錄了大多數的美國都市傳說。

前述「流傳」和「蒐集與研究」階段，受眾可能相對集中。閱讀都市傳說主題的文章、書籍的人，是一批小眾讀者；傳誦都市傳說的群眾，也主要是對於新奇事物感興趣的、受過良好教育的年輕人。但「創作」，尤其是大眾娛樂類型的創作，可以使傳說的受眾超越上述族群。因此「創作」階段可說是使都市傳說「廣為人知」的重要過程。

這就像日本的「妖怪」文化，也是透過大眾娛樂如漫畫、動畫等而受到大眾歡迎。都市傳說和妖怪傳說一樣，作為流傳廣泛的故事，它們都帶有某種受歡迎的基因。它們自身，就是大眾的幻想與焦慮的集合體。因此當它們再度透過創作回到大眾眼前，這股能量就會釋放出來。這就是為什麼，這些傳說一旦進入創作，往往能交出亮眼的成績。

美國、日本在上述的三階段，都有豐富的成果。這使得生在臺灣的我們，也能隨口舉出一兩個美、日的都市傳說。那臺灣的「都市傳說產業鏈」又是什麼樣貌？

都市傳說的「流傳」的狀況，必須透過「蒐集與研究」才能概括。但由於臺灣的「搜集與研究」相當缺乏，因此「流傳」的情況也不甚明朗。但除此二者之外，「創作」可謂蓬勃發展，甚至有望成為大眾娛樂的下一個新興主題。

近兩年來，有《紅衣小女孩》一、二集，《人面魚：紅衣小女孩外傳》的電影上映，都取得不錯的票房。而除了電影以外，小說方面則有等菁《都市傳說》系列一、二部。這一系列恐怕是目前面對「臺灣都市傳說」主題，最富野心的企劃。和這些電影、小說的登場之時，網路上也出現越來越多「臺灣十大都市傳說」這類文章。

從上列作品、文章，我們可以看出臺灣處理「都市傳說」時的一些代表性癥候。這些癥候，皆因臺灣缺乏嚴謹的「搜集與研究」所致。

其一，是將臺灣與日本、美國的都市傳說混為一談。等菁的《都市傳說》廣泛地使用了各種都市傳說，但是，雖然故事發生地點在臺灣，臺灣的都市傳說極少。反而充滿「一個人的捉迷藏」、「裂嘴女」、「隙間女」、「如月車站」等日本都市傳說，或是「樓下的男人」、「血腥瑪麗」這類美國都市傳說。

其二，是將民俗與都市傳說混為一談。例如網路流傳的文章「臺灣十大都市傳說」，將「冥婚」和「送肉粽」都視為都市傳說。但都市傳說的定義是「當代新興的民俗傳說」，「冥婚」和「送肉粽」都是存在已久的民俗。要是對熟悉這兩者的長者說這兩者是「都市傳說」，大概會令長者們哭笑不得吧。

其三，是都市傳說的定義不清。這現象發生在「人面魚」跟「紅衣小女孩」兩個例子上。都市傳說通常以「我朋友的朋友……」為開頭，講述人會轉述一個他從朋友處聽來的故事，轉述時又加油添醋，使它擁有新的版本。因此，都市傳說離不開變形與再創造。故事背景的發生地可能從A市變成B市，受害者的職業、性別也可能跟著改變。但是「人面魚」和「紅衣小女孩」不同，它們有明確的出處，不是「朋友的朋友」，而是「那一年的電視／報紙……」。因此比起「傳說」，它們更像是單一的事件。

這些癥候，都是因為臺灣缺乏「搜集與研究」階段的成果。

臺灣在都市傳說研究方面究竟有多缺乏呢？

設想一個對「臺灣都市傳說」有興趣的年輕讀者，他有哪些途徑可以讀到都市傳說的論述呢？

（一）去中興台文所修習「臺灣與亞洲大眾文學研究」。

（二）翻找市面上研究都市傳說的書籍。他將發現，只有麥田出版社的《都市傳奇》

可以幫助他。如果他運氣夠好，他還可以找到中國翻譯的《消失的搭車客》。但是這兩本都是翻譯書，自然缺乏臺灣本地的例子。

（三）拿起高寶出版的《不為人知的都市傳說》，但是他將發現，近五十則故事中，都沒有一則臺灣的都市傳說。

這也是當然的。因為臺灣還沒出現第一本以中文寫成、研究臺灣都市傳說的專著。（註4）這是否意味著，臺灣是不生產都市傳說的荒蕪之地呢？

當然不是。

臺灣也有豐富多元的都市傳說。細細研究，甚至可以在其中發現不少「臺灣特色」。只是在缺乏「蒐集與研究」的狀況下，這些特色難以被認知。

以下我將說明，什麼是臺灣都市傳說的「在地性」。

註4　相近的例子，可以參考伊藤龍平與謝佳靜合著的《現代台湾鬼譚—海を渡った「学校の怪談」—》（青弓社，二〇一二），這本書從高雄某國小學生處採集了不少校園怪談，其中不乏「銅像會動」等典型都市傳說，只是在此用「校園怪談」稱呼。可惜這本書以日文而非中文寫成。

世界性的都市傳說

部分的都市傳說擁有世界性。這包括「盜腎傳說」、「消失的搭車客」，這些傳說都曾在歐洲、美洲以及亞洲傳播，也曾來到臺灣，因為臺灣特殊的脈絡，而擁有在地性。盜腎傳說原本用於警告一夜情的危險，在臺灣卻產生不同寓意；「消失搭車客」曾在日本三一一大地震後在當地流傳，臺灣本有此都市傳說，在某回天災之後，再次出現。

盜腎傳說：旅遊安全的警示？

「盜腎傳說」在一九八〇年代末出現在南美洲。之後陸續出現歐洲版、美洲版。歐洲版中，歐洲的遊客會在「落後」的觀光地被盜腎；美洲版則是，商務人士在紐約失去他們的腎臟。這則傳說在一九九六年出現了「大學男生版」：一名德州大學的男孩在宴會上邂逅了一名迷人的女孩，兩人預計在飯店內共度春宵，隔早男孩醒來卻發現，他全身赤裸地躺在裝滿冰塊的浴缸中，背後有兩條長長的割痕，眼前有一張紙，要他打電話求救。他打了電話後才知道，他的腎早已被偷了。

儘管被當成消息來源的德州大學曾經出面聲明，此事純屬謠言。但「盜腎傳說」依然流傳不歇。實際上，這則傳說漏洞重重。取腎是困難的醫療手術，不可能如此輕易完成。在被割腎之後，受害者也應該會大量出血，不可能躺在冰水裡還安然無恙。然而即便不合理，它仍被當成真實之事不斷傳述。這證明了即便內容不可靠，都市傳說還是對我們的心靈有重要的影響力。

「德州大學男生版」盜腎傳說，在隔年出現中文翻譯。並且從用詞看來，很可能是由臺灣人翻譯的。因為翻譯，盜腎傳說進入中文世界的最大市場：中國。

二〇〇四年，中國出現了以廣州男生為主角的版本，二〇〇八年，新版本主角則成了四川大學的女學生，引誘她的角色，也從女性改成了年輕帥哥。四川女大學生和這位年輕帥哥去開了房間，隔天躺在冰浴缸裡醒來，原來她被下了迷幻藥。腎已被偷，她等待捐贈無果，最後死在醫院。

盜腎傳說的四川版本流傳至臺灣，並加上了開頭與結尾。這是極為簡單的更動，但卻改動了整個故事傳達的寓意。

開頭是：「如果您自己或有親戚朋友常往來大陸請一定要認真看完以下的內容。」

結尾則是：「這種犯罪行為正發生在很多主要城市，最近尤其是在山東、廣州、深圳、佛山、東莞、廈門、泉州、北京、上海、四川、重慶、全國各地酒吧！！發給你關心的任何1個朋友，不要吝嗇區區的10秒，也不要煩。」

開頭與結尾的意思是一樣的，那就是：中國很危險。

傳說被拿來告誡往來大陸的遊客，提醒他們注意大陸的幾個主要城市有多麼危險。都市傳說很常帶有警告，原本四川女大學生的版本，其目的應是警告女大學生，不可在大學裡過於放縱。但流傳至臺灣，卻變成對旅人的警告。而當四川女大學生的版本在中國境內流傳時，腎臟被偷的危險性，也不會因為是「中國」這個國家而變得更強烈。但在臺灣可不同。對於臺灣人來說，中國是一個更落後、更不衛生、更危險的國度。在中國，「腎臟被偷」的危險性顯然比在臺灣更高。至此，旅行至臺灣的都市傳說完成了一種轉化，它收納了臺灣人對於中國的警戒、反映了臺灣人對於到中國旅行安全的疑慮。

消失的搭車客：都市傳說的地震變體

消失的搭車客也是一個世界性的都市傳說。

在美國，它從一九三〇年代後，至少流傳不歇四十年，並衍生出多種變形。直到近十年內，在日本、臺灣，仍結合當時的天災，出現新的傳說。

「消失的搭車客」最典型的模樣可能是這樣子的：黑夜裡，駕駛開著車在路上，遇到路邊的一名女子要求搭順風車，駕駛讓她上了車，女子坐在後座。女子說，她的家在這條路上再過去一點的位置，但當駕駛把車開到女子家時，他轉頭看，卻發現女子消失了。駕駛下車去告訴住家這件事，開門的是一名先生，這名先生告訴他，駕駛剛剛載的是他的女兒，而他的女兒早就已經去世了。駕駛並不是第一個載到她的人。

這一傳說流傳久遠，且範圍遼闊，美國、英國和韓國都有類似的傳說。它也常與當地、現時的事件結合。一九四二年美國的消失搭車客預言了世界大戰的結束時間，某些傳說版本則結合了西方宗教的要素，例如「耶穌要降臨了」這般的天啓或是摩門教。儘管有所變化，但這一類傳說的基本要素是一樣的：隨機遇上的陌生人，以及她英年早逝、徘徊不去的命運。

「消失的搭車客」在臺灣也有。例如曾有一則笑話，講述一名坐上計程車的婦女，上車後開始吃蘋果，並對計程車司機說：「我生前很愛吃蘋果。」司機嚇壞了逃下車，婦女才悠悠說出下一句：「生完小孩後，就不喜歡吃了……」將「生前」與「生小孩前」互通，這是中文的語言遊戲，也將都市傳說改造成笑話。另一類，則與傳統民俗文化有關。林美容在《台灣鬼仔古》記錄了她所採集的鬼故事。其中有一位計程車司機提到，他載完一名前往墓仔埔的阿婆之後，很擔心她所付的錢「明天就變冥紙」，幸好沒有；另一位計程車司機則說了他聽來的傳聞：坪林到宜蘭有一段九彎十八拐，這段路上常有人夜半攔車，所付的錢，之後都化作冥紙。「錢變成冥紙」以前就是傳統神異傳說的要素，如今它與都市傳說結合，繼續流傳。

但在日本，「消失的搭車客」所結合的，是三一一大地震。發生於二〇一一年的三一一大地震，是近年來日本傷亡最嚴重的的自然災害。罹難者約一萬六千人，行蹤不明者兩千人。災害發生之後，當地流傳起不少靈異傳說。東北大學的學生工藤優花，便決定以宮城縣石卷市的靈異傳說為主題，撰寫畢業論文。她在一百名計程車司機中，訪問到七位曾有載過幽靈乘客的經驗。

在震災後的數個月，一名司機於石卷車站附近載到一名年輕女子。年輕女子告訴司機，她要去「南濱」。司機感到奇怪，告訴年輕女子說：「那裡已經什麼都沒有了喔，真的要去嗎？」年輕女子聽聞後，顫抖地說：「什麼，難道我已經死了嗎？」計程車司機轉身，才發現後座已經空了。另外有其它計程車司機，則是載到了二十幾歲的男性，在抵達目的地時，司機轉頭告訴對方，卻發現乘客已經消失了。

三一一地震後出現的「消失的搭車客」，存在某些和布倫凡四十年前所記載版本共通的要素：乘客坐在後座，在抵達目的地、司機轉頭之時消失。此外，他們都是早逝的年輕人，而從他們的年輕，可以料想到年輕生命的驟逝會多麼令當事人不甘、又多麼讓其他人們不捨，因此他們還繼續徘徊在傳說中，招呼計程車，一次次不斷回家。日本這批消失的搭車客傳說，僅管屬於難以解釋的靈異範圍，許多提及的文章最終都會得出一個十分溫馨的結論：罹難者們只是想回家。對於經歷國難的日本人來說，傳播、記憶這樣的靈異故事，並得出此一溫暖的結論，或許是一種療傷的方式吧。

但「消失搭車客」們，在臺灣的命運卻不同。

二〇一六年二月六日，臺灣南部發生了大地震。這次地震造成位於臺南市的維冠大樓倒塌，一百一十五人在此次震災中罹難。當時電視所播的救難畫面，還令人記憶猶新。根據地震一個月後的新聞，據說當地傳出了不少靈異傳聞，店家因此飽受影響。過去生意興隆的街道，如今入夜後卻變得人煙稀少。傳聞包括聽到小孩哭聲、收到金紙，以及「有人」在招計程車。

新聞對於「有人在招計程車」的傳說內容具體為何，並未多作著墨。但我們不難想像，這也許又是一個與三一一大地震後的幽靈乘客相似的鬼故事——既然它在那之前，已經於民俗學中擁有源遠流長的多種版本。只是這次，傳說融入了現時當地的重大災難，以當下發生的地震為背景。

臺灣都市傳說：災難與都市傳說

布倫凡蒐集的都市傳說，主要反映了人類對於科技的恐懼、對於污染的恐懼等。那臺灣呢，臺灣的都市傳說可以用什麼來加以分類？

臺灣的都市傳說，有一類與臺灣曾經發生過的重大災難有關——空難、大火，這些死亡人數動輒數十、數百的災難，在事件發生之後、報導冷卻之後，依然留在都市傳說中，因為傳說的傳播而為後來者所知。這或許是臺灣都市傳說的特色。以下，將提及空難的都市傳說，以及以大火為背景的「幽靈船」傳說。

空難與通訊設備

一九九四至二〇〇二年之間，華航發生了三起重大空難，罹難人數都達百人以上。一九九四年名古屋空難、一九九八年大園空難，與二〇〇二年澎湖空難。由於間隔時間剛好四年，甚至有華航「四年大限」之說，指華航每四年便會發生一起重大空難。在這三起事件中，大園空難並非罹難人數最多的，卻是情景最為慘烈的。名古屋空難並不發生在臺灣本地，澎湖空難墜落於海上，即便死傷慘重，都不會直接呈現於臺灣眾多的目擊者眼前。

大園空難時飛機重飛失敗，使機體殘骸、罹難者屍體四散於機場旁的民宅、道路上，其情景造成的衝擊，必定令目擊者久久難以忘懷。且當時進入現場的記者們，並未過濾鏡頭，使得現場宛若煉獄般的場景，直接透過新聞媒體傳至大眾眼前。

PTT Marvel 版上有一篇名為「大園空難預知錄」的文章，發文時間是二〇一一年的二月，回頭紀念十三年前，發生於一九九八年的大園空難。文章一開頭，作者特別聲明不得轉載，並強調，這篇文章是為了紀念在大園空難中離開人世的朋友們，希望他們一路好走。

即便是經過了十三年，作者的謹慎態度，仍可以看出這件事在他心中留下的創傷。文中敘述作者在二月十五日凌晨在朋友家喝酒，轉開收音機，意外聽見了飛機墜機的消息。由於聽起來十分嚴重，他們同時轉開電視新聞台，卻沒見到任何一家新聞台播報這起飛機失事。隔了兩天之後，作者在電視上看到了華航６７６班機墜毀的新聞快報。

也就是說，早在事件發生之前，作者便透過廣播接收到了消息。若我們將這傳說當成文本來解讀，則故事主角的位置十分奇特：他並不是罹難者家屬，也非大園空難目擊者，也不是住在失事地的當地居民——但他仍某種程度上涉入了空難事件，成為這一則空難靈異故事的主角。他的位置是什麼呢？他是空難事件的聽眾，雖然是一個特殊的聽眾——除此之外，他的位置，近於我們多數人。我們都是這類公共災害的局外人，但我們仍在某種程度上，覺得自己涉入了事件，而感到受創。透過廣播另一端的聲音，或電視另一頭傳來的影像，我們覺得我們跟這起災難有關。罹難者並沒有離我們太遠。是以我們必須對他們抱持哀戚之情，盡量在不消費他們的情況下，「紀念」他們。

另一起與空難相關的鬼故事，也與通訊媒體相關。二〇〇二年澎湖空難事發後，一位屏東的張先生接到一通語音留言，留言內容十分模糊，只聽得到海浪聲與哭聲，唯一聽得清楚的一句，就是「我不要死在這裡」。儘管留言當中並未提到發話者為誰、落海原因為何，但由於當日正好是空難罹難者們的頭七前一日，結合全臺瀰漫著的哀悼空難的氛圍，張先生判斷這通留言應該來自澎湖空難的罹難者。

但是已經是事發後第六天了，怎麼會？

張先生將他收到的語音留言轉給朋友，接著這段留言被放上網，成為當時流行的網路轉寄信的內容。在靈異節目盛行的當時，這段留言在電視節目上播放，至今，仍然在網路上流傳。

據說在二〇〇九年，電視節目《第六度空間》播出了這則語音留言後，有婦人出面指稱，那是她兒子的留言。實際上，這則語音留言是否來自罹難者、以及他是否是婦人的兒子，這些我們都沒有辦法確定。唯一可以確定的是，在像張先生這樣的民眾聽到神秘留言後，第一個想到的是前幾日發生的空難。留言本身並沒有給出證據，「空難罹難者留言」不過是外加的框架，卻成為定義這段留言的主要說法。解釋框架的漏洞點出了我們這些都市傳說的受眾，有多麼想相信留言來自於空難罹難者。這一框架，應該也是使這段留言擴散的主因。當我們切開語音留言時，我們企圖透過聆聽來參與發生於二〇〇二年的那則空難事件。我們企圖相信災難會留下靈異之音，靈異之音悠悠迴響，將我們引回曾在電視上看過的那則重大空難。

幽靈船與餐廳大火

大園空難所在的一九九〇年代，臺灣發生了許多令人難忘的重大災難。一九九三年台北論情西餐廳大火，死亡人數三十三人，一九九五年台中衛爾康大火，死亡人數六十四人，同年還有屏東獅子林KTV大火、西門町快樂頌KTV大火，隔年台中又發生了兩起火災，死亡人數皆達十人以上。

在災情頻傳的一九九〇年代後半，衛爾康西餐廳大火之後，臺灣出現了「幽靈船」的傳說。傳說衛爾康大火的六十四名罹難者就是被幽靈船載走的，而幽靈船要載滿一百人才會離開。因此，還差三十六條人命。

幽靈船在衛爾康大火後去了哪裡並不得而知，有說往南移動，也有說往北移動。當年，南邊屏東獅子林KTV大火奪走二十七條人命，北部則有死亡人數十三人的西門町快樂頌

KTV大火。而若將範圍侷限在台中，則隔年發生的夏威夷三溫暖大火、民生大樓大火，加上數起零星的火災，人數加起來約等於一百人。於是，幽靈船就這麼載滿所需乘客而離開了。

衛爾康西餐廳的所在地，後來改建成五金行，又改建成停車場。據說車子只要停在停車場內，溫度便會自動升高。與災害相關的鬼故事時常集中於災難發生地，但因衛爾康大火所起的幽靈船傳說，與之相關的主要地點，卻是一小段距離外的「第一廣場」。

在衛爾康大火之後，有人說在第一廣場的上頭看到幽靈船。只要提起幽靈船，便會令人聯想到第一廣場。據說第一廣場因為這個傳聞而沒落。而在臺灣人不去之後，第一廣場成為移工休閒娛樂的場所。中部許多工廠都雇用東南亞移工，例如位在鹿港郊區的車燈工廠。任職於工廠的移工們，在假日搭乘火車來到臺中火車站外，走幾步路就能抵達第一廣場。第一廣場賣衣服，也賣電話卡和鐘錶，商店的招牌上印著越南文、印尼文等我們讀不懂的文字。如今，第一廣場已更名為東協廣場。

儘管如此，對於第一廣場的恐懼記憶並未消失。從近幾年的網路發文，可以發現幽靈船傳說演變出的另一種故事模式。學生到第一廣場的KTV消費，搭乘老舊的電梯，電梯意外停在某一樓，自動打開了電梯門。電梯門外漆黑一片，甚至還有人說聞到了燒焦味，也就是說，那個地方被認為是一九九五年衛爾康西餐廳的火災現場。

KTV在二〇一六年十月的一則貼文中回應網路流傳的靈異現象，說明該樓正在進行裝潢，而電梯自動停靠，可能與施工人員的頻繁上下樓有關，並非靈異現象。KTV再次聲明，第一廣場從未發生過嚴重的致命火警。

若依照KTV給出的解釋，則狀況十分簡單：網友們搭乘的電梯自動停留在施工樓層，令他們目睹了漆黑一片的施工現場。經驗本身並沒有給出任何暗示，僅僅是憑著施工現場的狀況，以及KTV所在地曾有的「幽靈船停在第一廣場」的傳說，就認為那指向一九九五年的衛爾康大火。明明已經過了遙遙二十年以上，為什麼它並未逝去？為什麼二十年前的火災，在那些網路流傳的經驗談中，仍彷若近在眼前？

衛爾康大火是臺灣消防史上的重要事件。起火地點在一樓唯一的通道附近，二樓雖欲破窗逃生，但打不破強化玻璃，逃生無門因而不幸喪生。據當時參與救火的小隊長說，死者都聚集在靠中港路的窗戶一側，堆疊而成的死狀令人不忍卒睹。衛爾康大火造成了六十四人罹難，此規模在國際間都是罕見的，被視之為「全世界餐廳發生火警死亡人數最多的單一事件」。在震驚全臺的衛爾康大火發生之後，臺灣開始重視消防安全，自原本的警消不分家，獨立出了內政部消防署。許多消防安全法規，也在那時候通過。

衛爾康大火，再加上一九九〇年代頻傳的幾起公共場所重大火警，我們不難想像，那時候對於公共場所的印象可能是非常危險的。這或許才是幽靈船傳說，之所以那般令人感到畏懼的主要原因。需要載滿一百人的幽靈船已經載了六十四人，傳說所給出的暗示是，必定還會有下一次大火，必定還會有至少三十六名的罹難者。在那個動不動就發生十人以上死亡火警的時代，這是很可能的事。幾年後，令人聯想到幽靈船傳說的公共場所大火，包括二〇〇五年台中金沙百貨大火，死亡人數四人，二〇一一年台中傑克丹尼火災，罹難人數為九人。傷亡程度已和一九九〇年代的火災有所不同。

至於「幽靈船停在第一廣場上空」，給出的則是另一種警示。它把「出入公共場所」的危險，具體落實至第一廣場這個地方。確實，臺灣許多公共場所都缺乏消防安全的觀念，稍早於衛爾康大火的一九九三年論情西餐廳火災，起火地點亦是唯一出口，二樓同樣因為強化玻璃而逃生無門。無怪乎彼時社會上會出現「小孩不要常常出去玩」、「不要去看電影／公共場所」的刻板印象。作為公共娛樂場所，第一廣場可以說是個鮮明的指標。無論第一廣場是否符合消防安全標準，經過幾場大規模的火災，大眾對於公共場所的強烈不安已揮之不去。「幽靈船」傳說，不過藉由都市傳說，傳達了這種恐懼心理。

結語：都市傳說的在地性

「都市傳說」以都市經驗為基礎，這一基礎應該是具有普遍性的，因此，相同的都市傳說才會流傳在世界各地——因此起於歐洲、流傳於美國的盜腎傳說，只是改動了地點，在情節沒變的情況下，就能夠直接移植至當代中國。但是，在傳播的過程中，都市傳說所帶有的寓意會改變。中國版盜腎傳說流傳至臺灣，被用以警告至中國的旅行客。但更早的「德州大學男生版」，就不帶有這種警示。顯然和美國相比，因為臺灣對於中國的旅行安全更感到憂心。

這就是臺灣的在地性了。

除此之外，臺灣為什麼又會出現一批與災難相關的都市傳說呢？

其中一個原因可能是，在臺灣形成都市傳說的時間，正好與大眾傳播的熱絡同時。記憶災難的都市傳說，許多誕生於九〇年代。九〇年代是災難的年代，也是靈異的年代。數起公共場所大火在幾年內相繼發生，葬送逾百條人命；空難在僅僅八年內，便發生了三起。而這些災難，都化成新聞事件，在解嚴後媒體解禁的時代不斷播送。

同時，九〇年代也是靈異節目如雨後春筍般冒出的時代。《玫瑰之夜鬼話連篇》、《神出鬼沒》催生了「紅衣小女孩」、「人面魚」，主持人和特別來賓們總在討論自身的撞鬼經驗、靈異照片。這或許說明了，九〇年代是靈異的年代，對於靈異之事特別感興趣、接受度特別高，且也願意用近鬼神的方式思考事情。因此，當時令人驚懼的災難事件，結合神秘體驗，成了一種新的記憶方式。《鬼話連篇》曾在一九九九年報導過一九九八年大園空難後的靈異事件，包括有已逝的母子在路邊攔計程車——這就是災難事件靈異化的案例。

為什麼這些災難事件會成為傳說的一部分呢？或許是因為，透過大眾媒體的傳播，這些事件已成了我們記憶的一部分。而它們太過震撼、太過難解，因此只能透過不斷付諸傳說，結合故事性，形成了一段可供回想、轉述的資源。唯有記憶，方能安頓災難事件所帶來的那股不安。

我們就這樣記憶了那個災難年代的臺灣。

第六講

椅仔姑、金魅與嬰靈：妖怪傳說與性別觀念的變遷

～知道這些妖怪傳說的背景後，大家都沉默了

文／長安

妖怪的壽命

妖怪是有壽命的嗎？或更近一步說，妖怪的「生命」，會隨著時間而改變嗎？人類立身於時間與空間之中。我們有居住地，並且有有限的壽命。自出生那一刻起，到闔眼的那一刻為止，我們的靈魂短暫地寄宿於這個身體之中。那是我們存在於人間世的有限年歲。

那麼不屬於人間此世的妖異之物，應當沒有壽命可言吧？妖怪應該擁有無限的生命，不會隨著時間倏忽而起，又轉瞬而滅吧？

然而乍看「外於」人類的妖怪，實際上卻和人類一樣，擁有居住地。阿美族、撒奇萊雅族傳說裡的阿里嘎蓋（Alikakay）居於米崙山，即便是眾所皆知的魔神仔、林投姐，也關係著特定的地理。魔神仔的出沒熱點在平溪、汐止一帶，林投姐的祠堂位在臺南。由此可知，這些妖異之所以擁有不同的「居住地」，乃是因為不同地方會有著屬於該地的族群、情感、記憶，因此也會誕生不同的妖怪神異。依附於人類文化之中的妖怪，因此和人類一樣擁有居住地。

那麼，妖怪也會和人類一樣，擁有壽命吧？

乍看似乎不——因為妖怪是文化中的存在，它存在於傳說、記述、儀式、圖像之中。就上一代的耆老死去之後，承接其熏陶的下一代後繼者將會繼承，由此將文化代代相傳。這樣看來，妖怪也會在傳承中，從上一代延續至下一代。祂們將擁有不死的文化生命。

要是傳承斷裂了呢？

近一百多年以來，東亞地區經歷了現代化的巨大衝擊。包括日本、中國、臺灣，都在這勢不可擋的浪潮之中，被迫轉型成為現代化國家。變革如此迅速、巨大，使得生活在其中的兩三代人，任一代的經驗幾乎都難以與其前後共享。當都市的夜晚亮起霓虹燈與車燈，我們所需要的文化與想像，還會跟那個重視豐收、祭祀的傳統社會一樣嗎？

現在，科學主導了人類對於世界的解釋。妖怪消失了，從人類的生活中大舉撤退，從流傳的口頭撤回曾有的記載之中，因為打不進都市而隱居山林。妖怪的「文化生命」，似乎至此而終結。

然而真的是這樣嗎？

死亡的妖怪，不會有新的後繼者嗎？

妖怪與社會變遷

妖怪的生命依附於人類社會的變遷，這件事還可以更細緻地聚焦於單個面向來談。若從人類文化中選出任一個面向，觀察依附該面向而生的妖怪，經歷了何種生生死死的過程，便能對於「妖怪依附於文化」的這一點有更多認識。

近百年來，社會變動最劇烈的面向是什麼呢？

這問題並沒有唯一解，然而「女性地位的改變」，絕對可以說得上是近百年來的重要變革之一。

如今女性可以不受限制地就學、就業，然而女性地位提升至此，不過是短短一百年間的事。以教育為例，日治初期國民初等教育的女性就學率僅有百分之二、三，到了終戰前夕，已提升到百分之六十。如今，我們任何一個人都不會對於「女性受教育」這件理所當然的事感到訝異。

而只有在獲得受教權與工作權之後，女性才能掌握自己的未來，一改她們在傳統社會中的弱勢地位。在女性未能普遍受教育的傳統社會，身而為女子，意味著人生的選擇極其有限，唯有成為妻子，方能獲得財產與地位，令她們生前受兒子孝養，死後受子孫祭祀——若未能成為妻子，則飄蕩無依，無法成為社會秩序中的一份子。

這些女性該怎麼辦呢？

人間世以外的神異之境，自有收容她們的方法。

因此這時候的傳說，充滿著討嫁的女鬼、受虐而死的女性。神異世界是人間世的負片，現實社會中無法容納、安置，因而選擇視而不見的怨念、遺憾、虧欠，將一一顯影於傳說之中。現實所虧欠這些婦女的，終將透過另一種方式來償還。

令人不安的亡靈：未嫁死亡的「姑娘」

傳統女性的弱勢之處，從臺語諺語中就可觀察出來。「飼後生（兒子）自己的，飼查某囝（女兒）別人的」，因為女兒的唯一出路是出嫁作為夫家的媳婦，因此對於娘家來說，他們養育女兒十幾二十年，其回報便是女兒出嫁時的那筆聘金。

此外，女兒必須出嫁。因為存在著「尪架桌（神明桌）頂不奉祀姑婆」的原則。「姑」指的是未嫁的女子，「不奉祀姑婆」意指女兒即便以未嫁之身而死，她也不能成為本家的祭祀對象。這時死去的姑娘們必須被安置於「姑娘廟」，或者擇佳婿以「冥婚」。冥婚又稱「娶神主」，指的是被選中的男性，迎娶女方的牌位回家祭祀，這是為了讓未嫁的姑娘，在死後仍有一次機會成為妻子，回到「女性皆有所歸」的秩序之中。這說明了未受祭祀的女性幽魂，是多麼令人不安的存在，因此必須透過冥婚的儀式，導異為常。

金魅

「不正常」的姑娘亡靈，不只是女鬼存在的前提，也是女性妖異存在的前提。例如《民俗臺灣》由宮山智淵所記載的金魅傳說：

在某富人家有叫做金綢的查某嫺（按：婢女），是一個既愛乾淨又勤於工作之忠於主家的查某嫺。可是這富家的妻子卻是個既嚴厲又非常殘虐的女人，雖然金綢整天不停的工作也不能使她滿意，總要找些藉口來打金絪。有一天說是房間裡有一點灰塵，嚴厲的毆打金絪以致死亡。因為是從前的事，查某嫺是只要肯出錢便可隨便的像購買物品一樣的買得到，所以殺了也沒有罪。屍體運到山上簡單的把她埋了，然後想很快的買到替代的查某嫺而加以物色。

可是不知怎的，沒有了查某嫺，家中應該是沒人打掃的，但是這富人家比起以前打掃得更為周到。其妻深感不可思議，每天早晨起來一看，地皮自不必說，連所有的用具都擦拭得非常乾淨，因為每天都如此，富家的妻子心中感到了寒慄。

然而，這篇文章隨即描述了富人妻子的反應：

於是她心中在想：「查某嫺仔金絪這傢伙，因為是以處女身而亡無法轉世，所以欲像往常一樣的住在這裡工作下去。」

富人妻子的反應是值得注意的。她起初因為發現了家中明明無人打掃卻整潔勝過以往，而感到寒慄。「無人打掃卻整潔」是無法解釋的異狀，常人對於發生在家中身邊的異狀會感到恐怖，可謂理所當然。然而富人的妻子卻過快地得出解釋，即金絪仍然工作的原因是

「以處女身而亡無法轉世」，她做出解釋之後，便能夠與這般異常的狀況共存了。這段記載之後，緊接著的描述便是，過了一個月後，富人妻子買回了替代的查某嫻。中間不再描述富人妻子任何除去金綢的嘗試，她的寒慄僅僅是因為理解了金綢「以處女身亡」的怨念，就消失了。

過了一個多月才好不容易的找到了替代的查某嫻把她買回來。那一夜，讓剛買回來的查某嫻睡在以前金綢所睡的房間。可是到第二天很遲都不見其蹤影，只看到了一束頭髮與昨天才帶上去的一對耳環掉落在房間中間的地板上而已。富家妻子非常吃驚，認為一定是被成為厲鬼的金綢吃掉不會錯。於是馬上拿來線香向她禱告說：「金綢呀，你雖然已經死去，如果還想在這兒的話，也可以像從前一樣的在這裡。假使也像從前一樣的為我工作，我會作牌位來祭祀你。如果你想吃人的話，我會一年讓你吃一個。不過你絕對不要作祟我的家人。」講完便擲了筶而出了允筶，富家的妻室便馬上做了牌位來祭祀她。雖然是金綢的名字，但因死了成了鬼便改稱金魅。家裡四時都那麼乾淨。其妻到處去找瞎子、啞巴、跛腳的，便宜的把他買來，每年一個送往祭祀金魅的房裡去。聽說到了第二天早上一定剩下頭髮，以外沒有留下別的。

在「家中依然乾淨」這一異常的狀況發生之後，又發生了一件更為異常的事，即是買回來的查某嫺「被吃了」。富人妻子即便吃驚，並沒有產生新的恐懼，反而馬上得出了結論：「一定是被成為厲鬼的金綢吃掉不會錯。」得出進一步的解釋之後，富人妻子便不再畏懼，甚至能夠跟厲鬼金綢溝通，達成送人給她吃的共識。由兩次異常事件可以看到，富人妻子的認知分成兩個層面：

1. 未嫁而死的女性無法轉世，因此會留在人間作祟。
2. 未嫁而死的女性有怨念，會化成厲鬼吃人。

按理來說，人類與厲鬼和平共處，甚至達成一種新的僱傭關係，可說是極為異常的一件事。但富人妻子卻不以為意，可見上述兩條認知的解釋效力十分強大。富人妻子若不具這兩種認知，想必會持續地感到恐慌，並請道士前來驅除不祥之物吧。正是因為對於未嫁而死女性的特殊理解，使得「金魅」這一妖物可以持續存在。抽離來看，這也是「金魅」的想像之所以成形的原因。

可以說，妖物是介於合理與不合理之間的存在。妖物儘管以「異常」的姿態，但卻非全然超乎常理，相反地，它的「異常性」依然是人類可以理解的範圍。若是人類無法理解的「徹底異常」，則該妖物便無法依憑於特定的社會禁忌，因此也就難以存在。因為對人類而言，和人類的經驗或想像全然無關的異常是不重要的。不足以因為身處縫隙而引起人們不安的異常，並不需要去談論它。

但是相對地，妖異也並非全然「正常」。因為合乎秩序者，皆能在現實社會中找到容身之處，不必寄身於神異想像之中。因此，「死亡的姑娘」這種中間的存在，才形成了妖怪神異想像的核心。

另外一個由姑娘化身的神異，也是這種中間的存在。那就是椅仔姑。

椅仔姑

椅仔姑的故事同樣見於《民俗臺灣》，她和婢女金綢一樣，都是受虐待而死。她們之所以飽受虐待，不僅因為她們是「未婚少女」這一社會中的弱勢，還因為她們就連在「未嫁少女」的類別中，都身處邊緣。她們是弱勢中的弱勢。金綢的雙重弱勢來自於性別與階級，椅仔姑則來自於性別與年齡。在傳說裡，她僅有三歲。池田敏雄在《民俗臺灣》上所發表的〈椅仔姑〉，便是一例：

從前有位從小失母的女孩，卻有一位非常狠心的嫂嫂，將年僅三歲的女孩當做奴隸般看待。從前家庭煮飯的竈都是以粡殼或蘗為燃料，為了不使火熄滅必須不斷地補充燃料，普通家庭都是由姑姑在下面升火，嫂嫂在鍋上煮飯。而這位冷酷的嫂嫂每天命令女孩坐在竹椅上升火，而且晚上只准她睡在竈上，連食物也不給她吃，女孩已經瘦得不成人形了。有一天早上，嫂嫂起床後，發現女孩冷冰冰地坐在竹椅土，這位嫂嫂一點也不傷心，竟連像樣的祭弔儀式也沒辦，之後二嫂買菜回來發現女孩子好像死了一般坐在竹椅上，將粗殼丟入竈內升火，不禁大驚失色。

這便是椅仔姑的由來。後人為了祭弔這位不幸的三歲女孩，會在上元節或中秋節，召喚椅仔姑來進行占卜。椅仔姑會附在占卜使用的椅子上，若問她問題，她便會敲擊椅子以進行回答。這個儀式的參加者僅限於和椅仔姑一樣的未婚少女，因為椅仔姑是被嫂嫂所打死的，因此憎恨著已婚婦女。占卜時，若是有人大喊：「嫂嫂來了！」椅仔姑便會馬上消失得無影無蹤。

椅仔姑的傳說出自一名從鹿港嫁到萬華的老婦人。池田敏雄說此習俗不流行於北部，根據他的話推測，椅仔姑應當是鹿港的傳說。然而鹿港今不提「椅仔姑」，而有「籃仔姑」，用以降神的道具是籃子，然而具備占卜功能則與「椅仔姑」相同。儘管「椅仔姑」跟「籃仔姑」需用不同物品召喚，因此不可視為同一種神，但兩者在流傳中應有淵源關係。因為無論是「椅仔姑」、「籃仔姑」，或是「三姑」，其故事都非常相似。鈴木清一郎的《增訂臺灣舊慣習俗信仰》有一篇〈關三姑及其由來〉，裡頭「三姑」的故事便和池田敏雄所載的椅仔姑如出一轍。鈴木清一郎記載的「關三姑」歌謠，也和如今所見的「籃仔姑」歌謠十分接近。關三姑的歌謠是：

三歲姑四歲姊，阮厝亦有檳榔心，亦有老葉藤，好吃亦分恁，分阮三姑較是親。親落親，親豆藤，豆藤白波波，一條小路透奈河，行到奈河橋，腳亦搖手亦搖。

而籃仔姑今日的版本則是：

籃仔姑，籃仔姨，牽花枝，少年時，現時也未嫁，今年姑仔才三歲。
三歲姑，來坐土，四歲姊，來坐椅。清茶清果子，食檳榔，黑嘴齒。
檳榔心，荖葉藤，好吃不分因，分阮三姑娘仔正是親。
也有花，也有粉，也有胭脂點嘴唇，
白衫黑領罩，緊緊催，緊緊到。籃仔姑，緊緊到，姑仔緊來到。
行到癮龜橋，腳也搖，手也搖，行到六角庄，腳也酸，手也酸。
白衫黑領罩，緊緊催，緊緊到，籃仔姑，緊緊到，姑仔緊來到。
豬稠公、掃帚婆，帶阮三姑娘仔來迌迌。

可以看得出來兩者間的高度相似。後者固然是經過編曲的現代版本，然而它仍與百年前的版本享有共同的元素。包括檳榔心、荖葉藤、對於過橋的描述，還有「分阮三姑較是親」之句。可能由於籃仔姑死去時年齡尚小，「未婚」的主題較不明顯，但歌謠裡依然提到她「現時也未嫁」。椅仔姑、籃仔姑所擁有的不幸命運，都源於她的未嫁之身。從「生查某仔別人的」的諺語，我們已經可以感受到，女兒是家中的外人。椅仔姑若嫁到另外一個家庭中，則可以主宰一家之事，擁有像故事中的嫂嫂那般較為強勢的地位。然而從池田敏雄記述的「姑姑在下面升火，嫂嫂在鍋上煮飯」的分工，和「姑姑受嫂嫂虐待」一事，都顯示出相對於嫂嫂，姑姑是相當弱勢的存在。在正常的家庭中，小女孩的生身父母還可以保護她不受虐待，然而失恃的幼女，只能受嫂嫂欺凌。

虐待：弱勢的證明

金魅和椅仔姑的故事還有一個共通的要素，即是虐待。兩人都受較為強勢的女性（主人或嫂嫂）虐待，而導致了她們的死亡。其實不只這兩則，被視為椅仔姑起源的廁神「紫姑」，其原型也是受正妻所嫉妒的妾。唐代《顯異錄》的記載說她正月十五被正妻「陰殺於廁間」，無論是她們這些妖怪神異原本的身份是婢、姑、或是妾，都會死於女主人的權力之中。虐待只是一種外顯的表示。

受虐致死，是怎麼一回事呢？

「虐待」是一個持續性的過程，它並非發生於一時一刻，而是從如去年、前月這般過去的時間點，一直延續到現在。其終點，是受虐者的死亡。

若說任何一次虐待都是對殺戮的微型演練，那麼受虐致死者而言，死亡並非偶然。從虐待施加在她身上的那一刻起，每一次虐待事件的發生，都令她經歷死亡的危險。而導致她死亡的那一次，也不過是在發生於她身上的無數次之中，她未能挺過的那一次罷了。於她而言，死亡並非偶然，只不過是在這個時間點，終於發生了的必然。

無論是金魅或者是椅仔姑，都曾在這樣的絕境中度過一段時日，終在無人搭救中死去。但即便細細推敲故事，我們也很難幫她們找出一線生機。她們的故事，是個沒有活路的故事。婢女被賣之後，就生殺由人了。根據鈴木清一郎的記載，主人對婢女的權力是絕對的，可以使其服任何勞役、並任意懲罰、買賣之。在這樣的制度之下，「婢女受虐待」可說是當時的普遍認知。同樣生於日治時期的長谷川美惠（張美惠）便在同樣刊於《民俗臺灣》中的文章寫道：

所謂查某嫺，就如同西洋的所謂的奴隸，像動物一樣，被虐待，成為買主的玩物，最後像一隻螞蟻般被虐待而死，這倒還蠻像那麼回事的，我們附近有個人家虐待查某嫺程度也是令人髮指的。

由此可見虐待婢女之普遍。由於「女主內」的傳統，家庭內即女主人掌管的世界，是與外界隔絕的一個空間。在無外援的情況下，弱勢的女性自然而然會因為女主人的惡意，而陷入無可挽救的絕境。其實椅仔姑的故事，並非沒有幫椅仔姑安排救贖，那位來遲的二嫂即是。相對於施虐的嫂嫂，二嫂較富同情心，若她及早發現，便可使椅仔姑倖免於難。然而從這個遺憾也可看出，像椅仔姑這般弱勢女性的生死，是如何操之於女主人自由心證的善惡。

金魅或椅仔姑的死因是結構性的。她們之所以身處絕境，是因為那是社會安全網未能觸及的幽暗角落。嫂嫂或主人的虐待儘管是死因之一，卻非全部的原因。若這個社會給予她們求救的管道，想必也不會導致如此悲劇。

「查某嫺」的處境，在日治時期有所轉變。一九一七年法院的一則判例，判定「查某嫺」的契約違反公共秩序與善良風俗，因此無效。此後若有人以「查某嫺」申報戶口，戶籍機構一概不受理。儘管人們還是會將查某嫺以養女名義申報戶口，讓舊俗在法律的縫隙間尋求延續空間，官方保護查某嫺人權的態度已是極其明確。《民俗臺灣》〈金魅〉一文刊於一九四二年，已經使用著「因為是從前的事」這般口吻來描述查某嫺所受的非人待遇，這使他敘述著的金魅故事，聽起來那麼像是前現代的遺物。就連〈金魅〉文章本身，也已經是傳說的迴光返照。作者宮山智淵在小時還曾聽過金魅，然而他撰文當時的年輕人，則連金魅一詞都不知道了。

金魅的消失，除了和日治時期的現代化進展有關，會不會也和「查某嫺」的消失有關呢？因為「查某嫺」不復存在，金魅的傳說也就失去了依附的土壤，逐漸風乾。而我們如今若要解釋金魅為何物，則必須先解釋「查某嫺」這一名詞。在「查某嫺」已經不為人所知的今日，光是講述金魅傳說，都要多費一份力氣。

那麼在舊妖怪伴隨舊制度逝去以後，應該就不會再有新妖怪出現了吧？真的嗎？

新的妖怪：嬰靈

或許會有人認為，進入男女平等的現代社會，性別問題已經不如傳統社會中嚴重，那麼，應該也不會誕生反映性別問題的妖怪了吧？

實際上卻不然。如果你曾聽過「嬰靈」，那就表示新妖怪仍在生成。

你會害怕「嬰靈」嗎？

會因為想到泡在福馬林中的嬰屍，或是死去嬰孩空洞的雙眼，而感到不寒而慄嗎？或者，曾經因為墮胎，害怕嬰靈纏身，而四處尋找可以「超渡嬰靈」的廟宇或寺院嗎？

撰寫法國墮胎史的作者曾指出，墮胎常被視為「具有非歷史特徵的對象」。「嬰靈」也是。嬰靈彷彿融合佛教、傳統信仰色彩的形象，容易讓人以為它存在已久，有些人甚至援引《長壽經》來佐證嬰靈的存在。然而實際上，嬰靈在臺灣流行，僅有三十年左右的歷史。

日治時期的民俗學者，紀錄了臺灣當時處理死胎的習俗，如一九二一年片岡巖《臺灣風俗誌》寫道：「胎兒在母胎內死亡，或將生後不久死亡要棄入水中，否則傳說不但會變成邪鬼來作祟，以後母親亦不能再懷孕。」一九三三年鈴木清一郎《增訂臺灣舊慣習俗信仰》也提到，胎兒不只要丟入水中，還不能舉行任何祭祀，假若有人祭祀，胎兒的靈魂便不會轉生。傳統臺灣講求「不可祭祀胎兒」的說法，和如今嬰靈信仰鼓吹信眾做法事超渡嬰靈的做法，實相互背離。傳統也以夭折的小孩為「討債子」，同樣被歸類為討債子的還有敗家子。這代表上一輩子的債主，投胎來使父母痛苦。在「討債子」的說法裡，父母是不會對孩子懷有愧疚感的。但是「嬰靈」卻是一種根植於父母（主要是母親）愧疚感，來向他們索命的妖怪。這種與傳統臺灣習俗背道而馳的嬰靈信仰，是怎麼在臺灣生根發芽的呢？

檢索聯合報系的報紙資料庫，可以發現最早提到「嬰靈」的文章，是簡媜寫於一九八五年二月的〈走過一處荒涼〉，這是一組文章，其中有一篇名為〈瓶中嬰〉。作者被朋友帶到大型婦產科門前，看到玻璃陳列櫃裡有著一瓶瓶的嬰兒標本，那是早產或者墮胎的胎兒。對著這些令人憐憫的嬰兒標本，作者展開了她的評論：

把慾的懲罰轉移於一個毫不能抵抗的生命之上，以獲得無負擔的閒逸，我認為卑鄙。如果，有人明知卑鄙而故犯，不管他或她擁有何等堅強、漂亮的理由，站在尊重生命的立場，他們必將以永生的愧疚進行自我的煎熬。

……如果世上有嬰靈，當拒絕他們的男女再度纏綿於慾的衝動時，他們來到面前，幽幽一問：「民莫不穀，我獨何害？」這些活生生的人，還有何容顏？

作者認為造成嬰兒悲劇的原因是「慾望」，即年輕男女在「慾望」的驅使之下懷上了嬰兒，卻無意於負擔養育嬰兒的責任，透過「墮胎」來逃避責任。作者譴責「犯下過錯」的父母，批評他們將懲罰轉移於嬰兒身上，因此他們應該承擔相應的愧疚感。

造成墮胎的可能原因很多：可能母親的身體太過虛弱，為怕難產而實施醫療性墮胎，或是父母雙方太過窮困而無法扶養嬰兒，又或是母親被情人所拋棄，不願獨自扶養嬰兒，又或是母親是因為強暴而懷孕，不想生下仇人的小孩等等……這些都是實際存在的墮胎理由。但上述原因在這篇文章中全數隱形，墮胎直接地等於性的快感、等於逃避責任的一時享樂。其他家庭、社會等更為複雜的墮胎遠因，都未顯現在文章之中。

此外，〈走過一處荒涼〉對於嬰靈的態度介於信與不信之間。作者想像了嬰靈來到父母前質問他們的場景，是以「如果世上有嬰靈」的假設口吻。這或許代表在當時，已經漸漸出現嬰靈的說法，但並未廣泛到令作者毫無保留接受的程度。然而「胎兒享有生命權」的觀念，則是被作者擁抱、並深信不疑的。

若說這時嬰靈之說尚未遍傳，那麼它應是在接下來的兩年迅速擴張，終至令人不得不注意到的程度。一九八七年六月，報紙上展開了針對嬰靈的公開討論。一篇以〈詭異嬰靈．怵目驚心　超渡水子．非道非佛〉為題的文章，注意到近來有一則主打「超渡嬰靈」的陰森廣告，突然在好幾家日晚報上重複出現。這是「嬰靈」在臺灣大眾面前的正式登場。

……然而，詭異的「嬰靈」一詞初次在臺灣地區出現，畢竟觸目驚心，專研民間信仰和宗教的中央研究院民族學研究所研究員劉枝萬批評是種無聊的模仿。

根據劉枝萬解釋，嬰靈超渡的行為抄襲自日本「水子供養」的習俗。所謂「水子」，是指流產早夭的嬰孩……

劉枝萬說，漢民族的民間信仰與日本截然不同，漢民族認為早夭的嬰兒是一種「討債」的因果報應，因而並不紀念追悼，甚至沒有葬儀。儒教的觀念也主張好的子女應該健康強壯，長大成人後供養父母，才算是盡孝道。劉枝萬因此認為，在我國提倡嬰靈供奉，成功的可能性極小。

至於已有數百嬰靈被供養，應是廣告時代下宗教商業化的「成績」，當然也是墮胎普遍化及所伴隨而來罪惡感難以消除的表現。

嬰靈信仰最關鍵的幾樣特徵，其實早在這篇最早的報導中就已指明。包括：

1. 嬰靈信仰源自日本的水子信仰，和臺灣傳統觀念不同
2. 它是宗教商業化的產物
3. 其原因是墮胎所帶來的罪惡感，主要是婦女的罪惡感
4. 「水子」或「嬰靈」依附佛門之說而存在

但是很可惜的——劉枝萬的預言並未成真。後來的事情我們都知道了，嬰靈超渡的渲染獲得巨大成功。至今日，多數人已經忘記，嬰靈實為僅擁有三十多年歷史的外來種。

那為什麼，是在一九八〇年代中期，產生了嬰靈呢？

這一困惑，也能從這篇最早的報導的結尾找到解答。

值得注意的卻是，嬰靈超渡大肆宣傳的手法，對大眾已先造成惶惑。在我國已實施優生保健法，墮胎合法化的此時，利用人性挑動不安，實在難謂為正道。

從一九七〇年起草擬的優生保健法，經過十餘年的爭辯，終於在一九八五年實施。曾經非法的墮胎行為，至此合法。這篇報導，在當下就洞察性地發現了墮胎合法化後，卻出現了嬰靈的弔詭。

我們如今擁有回看這段歷史的後見之明。研究臺灣墮胎史的學者吳燕秋指出：「事實上，嬰靈之說引進臺灣，並未馬上獲得墮胎婦女的青睞。從報紙刊登嬰靈廣告的時間點來看，《優生保健法》通過實施可能占更關鍵的位置。」

嬰靈，便是誕生自「墮胎合法化」的妖怪。

根據吳燕秋的論文，臺灣「墮胎有罪」的歷史始自日治。中國原有的律法並無「墮胎罪」的概念，「墮胎」通持指的是「墮人胎」，即他人以外力使懷孕婦女流產。婦女自行墮胎則不予以懲罰。日本自明治時起參考法國刑法，在本國《刑法》中立有墮胎罪專章，規定婦女墮胎者，處一年以下有期徒刑，無照為婦女墮胎者，處兩年以下有期徒刑。臺灣在日治時期即有因墮胎罪而受懲罰者，約三十人左右。至於戰後，臺灣雖改由中華民國統治，中華民國的《刑法》卻是襲自晚清所改革的《大清新刑律》，而《大清新刑律》的草案當初的擬定者為日本顧問，他參考的即是日本《刑法》。因此中華民國《刑法》中，也有和日本《刑法》相似的墮胎罪一章。如今，若比對現行日本《刑法》212—216 條，和中華民國《刑法》288—291 條，仍可以發現兩者間的相似之處。

若自一八九五年日本領臺算起，至一九八五年《優生保健法》實施為止，臺灣「墮胎有罪」的歷史長達九十年。這使得一九八〇年代，出現了不少反對《優生保健法》的聲音。《優生保健法》其實並未使墮胎全面合法化，刑法仍存在墮胎罪，但因「特別法優於普通法」的原則，以《優生保健法》為主。此法大幅度放寬了墮胎的限制，將「因懷孕或生產，將影響其心理健康或家庭生活者」列入可實施人工流產的範圍。這便是將婦女的自主意願納入可合法墮胎的範疇——然而，這並不代表懷孕婦女可以全然自主，未成年者需得法定監護人同意，若是已婚婦女，則需配偶同意。

即便是如此有限的合法化，仍足以引起保守反對者的不安。反對者主要立論有二，一是墮胎損及胎兒的生命權，二是墮胎合法化可能造成性氾濫。支持者則是憂心於當時婦女墮胎不受保障，求助於密醫易損及婦女身體健康與人身安全。優生保健法的討論在一九八四年達到高峰，華視節目四月的電視 call in，接到了七百多通來電表達看法，其中贊成通過者達百分之七十四，反對者只佔百分之十七。這些電話有八成是女性打的。當年六月底，該法案二讀通過。

反對者們失敗了嗎？並不盡然。接下來興起的嬰靈信仰，就是反墮胎的觀念，藉著妖怪之力的還魂與反撲。

嬰靈信仰一開始是經由廟宇以營利為目的所傳播，其傳播範圍不僅限於上述所提的報紙廣告，據報紙文章投稿者的觀察，還包括公車車廂廣告以及散發於廟宇、車站的宣傳品。甚至出現了電影，如一九八九年上映，由丁善璽執導的《嬰靈》。在一九九〇年代盛行的靈異節目中，嬰靈自然也成了談論的主題，有專屬的單元。

嬰靈的流行，廣告的效應只能算是推波助瀾。若社會整體不先存在對於「墮胎」的罪惡感，則這一信仰無論如何推廣也無法擴散。部份廟宇若無法以「供養嬰靈」獲利，也不會選擇花大錢刊登廣告。如今，嬰靈供養已成為許多廟宇的業務之一。即便佛教團體已經屢次撰文聲明佛教並無嬰靈之說，甚至舉辦座談會、走上街頭，仍無法阻止嬰靈的流行。當時的嬰靈供養費一名要三千元臺幣，而一九八八年的基本工資僅一個月八千一百三十元。若用金錢來衡量罪惡感的價值，那一名嬰靈值得三分之一的月薪，可見市場之廣大。正是在墮胎合法化後，「墮胎罪」化身成「嬰靈」這種可見的罪惡感形式，持續留存在人們心中。墮胎爭議並未因為法律的許可而停歇，直到二〇〇〇年左右再起波瀾。

輔大神學院一九九九年成立的「生命倫理研究中心」為積極的反墮胎團體，他們認為《優生保健法》的通過對社會造成了負面效果，主張刪除合法墮胎理由中「因懷孕或生產將影響其心理健康與家庭生活者」一條。二〇〇三年起印製的「殘蝕的理性」VCD，不少高中老師以之為性教育的教材。然該影片畫面驚悚，呈現將五個月大胎兒絞碎取出的過程，不少高中女生觀看後留下陰影。天主教團體此舉雖然是為了宣揚生命權的重要，但其選用的恐嚇手段卻與嬰靈信仰如出一轍。從不主張怪力亂神的天主教團體，但卻同樣參與墮胎罪惡感的建構這點來看，對於墮胎的罪惡感可說是臺灣相當普遍的現象。即便從歷史的縱深來看，這一罪惡感是被發明的。

愧疚的父親

嬰靈纏身的對象，通常是為墮胎感到愧疚的女性。但令女性單方面地承受罪惡感其實並不公平。即便以「性的愉悅」為墮胎的原因，共同參與性事的男性至少也須負一半責任。甚至在實際狀況中，男性對於性事通常擁有更多主導權，但卻鮮少見男性受嬰靈所苦。

相反地，女性卻會出於墮胎的罪惡感，導致更多身體上與財產上的損失。例如發生於一九九三年的一起事件中，一名鄭姓男子聲稱受害者被嬰靈附身，若不處理，將厄運臨頭。

他以此為由向女性騙財騙色，上當的受害者共有六名，其中三名有墮胎經驗。鄭男的例子僅是滄海一粟，報紙上相似的社會事件不勝枚舉，受害者的女性不知有多少。此類神棍的行為固然值得譴責，但從女性易受嬰靈之說所誘的脆弱性來看，也可想見她們承受著多麼深刻的罪惡感。

嬰靈纏女不纏男，顯示出了這個社會對於男性與女性的性道德有不同標準。但隨著性別觀念的變遷，也出現了因愧疚感而供養嬰靈的男性。例如在中元節固定舉辦普渡、超渡嬰靈的鹿港地藏王廟，二〇〇五年就曾有男子來超渡五名嬰靈，二〇〇八年有男子來超渡三十名嬰靈。如今網路上許多針對嬰靈的討論，也會問嬰靈是否纏上爸爸。由此可知，社會普遍風氣不再以女性獨自承擔愧疚為理所當然，雖然將嬰靈信仰罪及男性，是一種弔詭的「男女平等」。

以愧疚為妖

椅仔姑的傳說比金魅傳說更長壽一些，但在節日氣氛已不濃厚的當今臺灣，椅仔姑說起來也只像是對於元宵或中秋的鄉愁。可是在傳說尚未變成化石之前，它們是活生生地承載了社會中的情感的。

那種情感，會是愧疚嗎？

在名為現代的日光燈未能普遍照射之時，像是金魅或是椅仔姑這樣的人，便落入了無可呼救的幽暗角落。人們之所以記憶、傳頌她們的故事，會不會是自知有愧於她們，而透過傳說來嘗試彌補呢？現實層面無法解決之事，人們透過在象徵層面描述妖異的存在，寄託這種愧疚、遺憾。這種「必須要找些什麼故事來寄託愧疚」的迫切感，也可以說是一種焦慮。但無論是何種情感，都從中誕生了妖怪。只要「無法解決的狀態」持續存在，則妖異長存；相反地，要是困境消失了，或者隨著社會變遷而不再重要，則妖異也會自然而然地消亡，因為它「反映當代愧疚、焦慮」的功能已不復存在。

因此妖異的力量，可說是既脆弱又強大。

脆弱的是，因為妖怪依附於社會的焦慮，因此它的命運會隨歷史擺動，方生方死，潮起潮落。

強大的是，只要貼合著社會的焦慮，妖怪便可以發揮極大的力量，形成人們心中揮之不去的幽怨之力，由內而外地控制人們的心靈與身體。

這一脆弱又強大的力量，會在新興的社會焦慮誕生之時，被它利用。新的社會焦慮透過「妖怪」，得到了一種存在於想像中的形體。單一的妖怪如椅仔姑、金魅可能已經死了，但是生產妖怪的機制並不會斷絕。從「嬰靈」的例子可以看出，新的妖怪依然生生不息。

它吸收當代的恐懼，而變得更加茁壯。以一種更細膩入骨的方式，折磨著它所選中的受害者。

——只是人們或許還尚未察覺而已。

第七講

失去容身之處的妖怪，該如何存活於當代？

～為妖怪世界獻上創作的理由

文／瀟湘神

當今的臺灣社會，多半將神與鬼怪當成迷信。

在科學昌明的時代，如此觀點可說毫不意外。但依我之見，秉持著這種論點的大多數人，與其說是奠基在科學思考上，不如說是奠基於科學信仰形成的慣性，不見得嚴肅。之所以說不嚴肅，是因為所謂的神與鬼怪，當然可能因科學解釋而消解；但若只因主流意見說「是迷信吧」，就跟著說「對，是迷信」，而沒有檢證背後經緯、脈絡的意識，那也是一種信口開河，與「迷信」同樣缺乏根據。如果所謂的「主流意見」就只是在人云亦云中放棄思考，那自然也沒有嚴肅的空間。這種不嚴肅——或許就是臺灣連民俗學都難以發展的原因。

以嚴肅的態度看待鬼神並沒有什麼壞處。這裡說的嚴肅，並不是說要信以為真；信以為真是信仰的基礎，也是可以選擇的生活方式，但說到底，信仰也未必當真嚴肅。所謂的嚴肅，不過就是認真地面對對象而已。這就是本文的基本立場：在肯定或是否定前，不急著下判斷，而是謹慎地思考；至於為何需要秉持著這種精神，則是因為關於神怪的記憶，或許是當代的我們所需要的。

神怪屬於民俗學，這點應該沒什麼疑問，不過，民俗學並非看待神怪的唯一方式。前面，學者蘇碩斌先生曾提過在日本被稱為「妖怪博士」的井上圓了，就不是從民俗學的角度，將神怪納入哲學、心理學的範疇。在這裡，我必須補充井上圓了所分出的「真怪」、「假怪」、「偽怪」、「誤怪」四種妖怪所指為何，以說明其觀點與民俗學究竟有多大的歧異。

「真怪」、「假怪」、「偽怪」、「誤怪」等分類，是井上圓了的獨創，本來就不存在於民俗學上；所謂的「假怪」是什麼？指的是實際發生的自然現象，但因為常識無法解釋，譬如，日本的「狐狗狸」，也就是西方所謂的「桌靈轉」（Table-turning），這是實際發生的現象，最初被解釋為降靈，後來已被科學方法證明是參與者無意識的動作造成；

又或者「鬼壓床」，過去被解釋為鬼魂壓在身上，也可能只是大腦訊息不一致所造成。

至於「誤怪」，則是錯將某種事物當成鬼怪。本來人腦中就有專門辨識人臉的功能，這讓我們很容易將不是人的東西看成人，像是牆上的人臉、煙霧中的人臉、甚至火星上的人臉，這些若不是被看成幽靈作祟，要不然就是不祥之兆，或被視為外星人存在的證據，但事實上只是錯認。將某種東西看成人，是錯認的一種。本來大腦就會「預測」外在環境，許多錯覺正是因此而生——我們看到的世界並非世界的真實樣貌，在大腦的先天限制下，我們不得不被各種錯覺包圍。

「偽怪」是人為虛構而成的鬼怪。如裝鬼嚇人，或以魔術手法偽裝成超能力。在近代的推理故事中，這種「鬼怪」甚至可說是常見的故事元素；至於「真怪」，則是真實無虛的怪物——但井上圓了以宇宙萬象的不可思議來解釋，與我們一般認為的妖怪迥異。

由此分類方式看，不難發現井上圓了是從物象與人類心理的交會來論述妖怪來源。如果妖怪真的存在，那應該要能超脫人類，無須倚賴人類的認識或解讀。但除了真怪外，要不就是實際發生的現象被單方面解讀成妖怪，要不就是感官錯覺的誤認，要不就是被刻意虛構出來。井上圓了其實是在區分「錯誤的認識」的類型，換言之，是將心理學分析的結果以哲學的方式加以分類。

這當然與民俗學觀點不同。像柳田國男的《遠野物語》為例，就只是平實地紀錄民俗見聞，既不分類，也不加入自己的判斷與詮釋。正是如此樸實的紀錄，才能成為分析的材料。要是紀錄本身就混入太多記述者的判斷，那分析也會失真。相較之下，井上圓了所做的分類，就像是根據這類田野考察進行分析而成。

這顯示早在近百年前，日本的妖怪學在民俗學外，已發展出不同階段。沒有民俗考察的努力，分析也無從進行。那時正是日本現代化最激烈的時刻，從井上圓了的分析方式，已能看到科學這種具有強大解釋力的學科，是如何有效地說明「妖怪現象」——在日本，這也是「妖怪學」的一環。

井上圓了的解釋是有效的。但以科學消解神怪，從此就天下太平，人們過著理性、開化的生活了嗎？當然沒這麼簡單。只要稍加觀察當代對神異觀點的演變，就不難發現怪異並未退出人類的生活，只是以更糾結的形式存在罷了。舉例來說，當代開始以電波、磁場、次元等科學術語來解釋靈魂、超自然實體、靈界等概念，本來一度被科學理性逼到絕路的鬼怪們，居然找到了與科學共存的辦法。

在科學家看來，或許會說那根本不是科學，是「偽科學」。但就算是偽科學，鬼魂、怪物竟能寄宿在科學術語中，即使只是苟且偷生，也算是扭曲了科學事實。這難道不算是科學的敗北嗎？在此，有個問題浮現出來——事情究竟何以至此呢？如前所說，科學有著強大的解釋力。如此強大的科學，為何無法將「迷信」徹底滅絕？

因我之見，這是因為神怪之產生，即使是錯認，也不僅是單純的錯認，還有其心理需求。這個心理需求，其實就像「座位」一樣，即使科學破解了「現象」，將不當的客人從「座位」上請走，還是會有新的客人坐上去。如果科學只進行「驅散迷信」的行為，那當然是防不勝防的；就算指責「迷信無法掃盡，是因為這些人不夠科學理性」，也只是狗吠火車，徒勞無功。

不過——

這或許表示「妖怪學」的面向，還有不足之處。就像井上圓了即使解構妖怪，依然是妖怪學。認清神怪誕生有其心理需求，甚至社會的需求，也該當屬於妖怪學的一環；本文的目的，就在於提示妖怪學的另一面向，以說明科學為何無法成功，以尋求多種立場會通的可能。

神怪的容身之處，即是「社會」

如果神怪存在的原因，僅是各種認識上的錯誤，這種認知也不會成為社會性的。單一個體在某處錯認了某物，有何必要上升成社會群體的緊張與禁忌呢？當某個概念成為社會性的，勢必反映了某種需求。問題是，人類有需要神怪的理由嗎？神就算了，為何人類需要妖怪呢？

天狗——我說的並不是日本的天狗，而是臺灣過去民間流傳的天狗——過去發生日食的時候，人們會拿著鑼鼓之類的東西出來，用力敲打，發出巨大的聲音。這是因為他們相信「日食」這種現象，是名為「天狗」的怪物要將太陽吃掉了，所以趕快發出巨響，希望嚇走天狗，拯救太陽。

天狗無疑是種怪物，還是不存在的怪物，至少現在我們的科學知識不認為其為合理的存在。但在天狗這個例子中，真正有趣不是人們將太陽上出現的影子誤認為天狗，而是發展出驅趕天狗的儀式；在這一來一往中，食日的是不是天狗，或許是其次（也可能是天貓啊），真正重要的，是這種災難能透過某種方式來祓除。日食是天文現象，這點，古代的讀書人也理解，但對不明就裡、沒有相關知識的民間百姓而言，卻是賴以維生的太陽可能永遠消失的可怕災難！對這樣的災難，要是他們什麼都不能做，豈不是活在恐懼之中？透過「虛構的儀式」，這種人力無法處理的天文現象，竟成為可以靠行動解決的妖怪作祟，從而消解了人類的無力感，帶來希望。

同樣是自然現象，過去先民認為地震是「地牛翻身」，地底下有一條巨大的牛，當牠挪動身體時，大地就會震動。比起日食，地震這種災難可怕多了，人們自然希望能夠以儀式安撫地牛，於是就有拿東西敲地面、或是學牛叫來安撫地牛的儀式——日本時代雜誌《民俗臺灣》在〈萬丹俗信〉裡，也提到發出「嗷」聲來遏止地震的方法。

地牛是地震的起因，不只是先民對於地震的解釋，更重要的，是使地震成為可以制止的現象；雖然制止或對抗只存在於想像中，但對生存資源有限的先民來說，與「希望」無異。將自然災害妖魔化，正是要賦予「希望」正當性。

自然災害當然不只是天昏或地動。考察臺灣廟宇，有些廟史提到建廟的原因，是當地有妖怪作亂，於是請來神明，成功降伏後才建廟。但所謂的妖怪作亂究竟是什麼？說也奇怪，妖怪能做的事頗為有限，要不是久旱不雨、就是怪病、或是突然的洪水、或者穀物不生……等等。雖是怪現象，但恐怕都能用單純的自然或人為災害（像疾病可能就是沒有衛生觀念）來解釋。

既然能以中性的自然災害來解釋，為何最後卻變成妖怪所為？我們當然可以說先民缺乏科學知識，不瞭解這些現象背後的成因，但光說災難是妖怪造成的，對生活毫無幫助，在這個動態的系統中，真正重要的關鍵，其實前面已經提到了——將災害妖魔化，是為了迎神過來，請神降伏災難。換言之，這同樣是為了將災難變成可解決的對象之儀式。如果請來神明後，災難確實結束，就表示神明有能，理所當然要祀奉神明。要是請來神明後，災難居然沒有結束，那就表示妖怪神通廣大，需要請更厲害的神明過來，隨時間過去，總有一位神明能消滅此災難。

在這個系統中，妖怪絕對是惡的，是秩序的失落；神明絕對是善的，是秩序的重建。因此神與妖可說是一體兩面，缺一不可，兩者都反映了人類的心理需求。

是的，正因社會有需求，神怪才得以存在。

意識到神怪反映的需求後，許多神怪存在的形式，也不再這麼不可思議，甚至看似陰森恐怖的，也非常合情合理。舉例來說，過去臺灣有冥婚的習俗，要是少女早夭，家人會將生辰八字、紙錢，甚至頭髮之類的東西放在紅包裡，置於路邊，要是有男性一時貪婪，撿起紅包，就會被家人強迫迎娶死去的女性。

人鬼成親，這聽來可怕，卻完全符合社會脈絡。過去臺灣的漢人女性社會地位低落，要是沒有成親，就不會受到祭祀，這等於直接變成孤魂野鬼。為了讓死去的未婚女子也能享有香火，若不是送到姑娘廟，當然就是以冥婚的方式嫁出去。換言之，這是在女性地位低落的扭曲前提下，不修正兩性地位不平等的問題，直接解決女性亡靈困境的辦法。

鬼怪的功能

鬼怪還有諸多功能，像是禁忌——或是說威脅的力量。鬼怪既然背負了作祟的負面功能，人們害怕作祟，自然會遠離鬼怪作祟的環境。即使是當代臺灣，水鬼傳說依然廣為人知：有些地方有水鬼出沒，會害死玩水的人，更慘的是，溺死者會取代害死他的水鬼，留在那裡等待害死下一個人，被稱為抓交替。

水有其危險性。所謂的玩水，可說是將「玩樂的愉快」跟「溺水的風險」放在天秤上比較，並選擇了前者的瘋狂行為。既然人會受到快樂驅使，寧願冒著風險也要玩水，自然就會出現相應的禁忌，避免人們趨之若鶩地投入這種危險行動。

水鬼就是這種相應的禁忌。

一方面，水鬼有解釋性，解釋為何某個水域特別容易發生意外。另一方面，水鬼也發揮警告的作用，讓人遠離某個水域。水域是否危險，其實不見得能從表面看出，但死亡率較高的地方，應可直接視為較危險的地方。水鬼的存在，既能說明為何表面安全之處實則危險，也能形成實際上降低危險的禁制。

虎姑婆傳說也有形成禁忌的作用：要提防不認識的人。有趣的是，原住民間也流傳著類似虎姑婆的傳說，但漢人傳說的特殊之處，是虎姑婆以「姑婆」的身份登場——在傳統漢人社會中，確實可能存在這種雖是親戚，卻完全不認識的人物。在原住民社會裡，或許較少這種情況，因此更多是直接以怪物或陌生人的身份出現。

鬼怪的另一種功能，則是推卸責任。我曾在一份田野報告中，看到有人口述番婆鬼傳說。據其所說，番婆鬼喜歡吃腥的東西，所以喜歡吃生魚。有人曾經在河邊捕了一簍子的魚，帶回家後，卻發現全部變成石頭，這就是番婆鬼的惡作劇——她用法術將那人捕捉的魚跟石頭對調，拿走了所有的魚，卻又不讓那人發現魚已經被偷走了。

問題是，反正是用法術，番婆鬼大可偷走魚就好，為何硬要用石頭取代，不讓這人發現？我心中不禁有了截然不同的想像：該不會這人根本沒抓到魚，但空手回去無法交代，只好聲稱自己有抓魚，再栽贓到無法證明的番婆鬼身上吧？

這當然只是猜想。不過透過妖怪作祟來逃避責任，毫不奇怪，因為禁忌事物的恐怖感，本就會令人難以追究；換言之，在眾多藉口中，可說是相對安全的——推卸者有充分的理由選擇這種藉口。

泰雅族間流傳著某種傳說：據說有些人會黑巫術，他們驅使一種鳥，這種鳥就是巫術的化身，只要看到就會死。這系列故事知名的程度，連日本作家佐藤春夫來臺灣時都聽過，還據此寫成〈魔鳥〉一文；根據邱若山先生的翻譯，在此亦將此巫術之鳥稱為「禍伏鳥」。

在泰雅族中，養禍伏鳥是很嚴重的事，要是被其他族人懷疑，最嚴重的就是全家殺光。類似的紀錄在日本時代屢見不鮮。值得一提的是，養禍伏鳥的人往往不會承認，那到底要怎麼知道某人有沒有養禍伏鳥？答案是沒有辦法，只能用猜的，因此殺害養禍伏鳥的人，簡直跟西方的女巫狩獵差不多。

為何族群中會產生這樣的傳說？我數年前看過一篇文章，講的是中國羌寨的毒藥貓傳說，竟與禍伏鳥有雷同之處——當事人絕對不會承認，但旁人會以某種方式猜測。該篇文章指出，毒藥貓之所以出現，是為了解決族群壓力的問題。因為族群資源稀少，形成很強的內部壓力，非常需要團結的手段，於是，在缺乏外敵的情況下，就只能從內部找敵人，毒藥貓正是因此而生。

蠱毒也是如此。臺灣過去也有人養金蠶蠱，同樣的，養蠱人家不會承認，但懷疑的人可以透過某種方式證實這戶人家有沒有養金蠶蠱，像是在這戶人家門前吐口水，要是口水馬上消失，就表示有養金蠶。

這類情況正符合所謂的「替罪羊理論」：透過犧牲少數人來團結起社會群體，無論是禍伏鳥、毒藥貓、金蠶蠱，都是替罪羊理論的妖怪版本。

論述至此，我們已經可以知道神怪是如何與社會脈絡緊密不分了。要是神怪背後有社會、心理上的需求撐腰，那無論科學再怎麼努力，都無法徹底除盡所謂「迷信」。當代超自然理論以偽科學之姿回歸，就是這個原因：人們對超自然的需求並未完全消失。

消失的容身之處，與未來的容身之處

如前所說，神怪有其社會脈絡——換言之，神怪的意義與價值是依附在社會脈絡下，當社會脈絡改變，神怪也會失去立足點。事實上，當代神怪之所以沒落，並不純粹是科學觀念發達所致，因為即使受過科學教育，也不表示擁有科學的思考方式。

當代妖怪之所以沒落，是因為社會的運作模式改變了。

交通發達及都市快速發展，使生活方式與以往大為不同，社群的觀念改變了。當大量外地人口湧入都市，關於地方的記憶，也將隨之沖淡。在已經經過現代化的當代，這類發展是不可逆的。但當過去用以承載神怪存在的社會型態改變時，神怪還能夠存在嗎？

那會非常困難。就像香火的觀念沒落，冥婚的必要性就消失了一樣。

但如果我們知道神怪是依附在古老的生活方式中，就知道神怪承載著古老的記憶。換言之，那是我們通往過去，並與之達成和解的辦法；這就是神怪在當代的價值，也有其重要性。但在高速現代化的當代，我們對祂們的消失彷彿束手無策。

真的束手無策嗎？

其實不然，我們能從文學史找到解套的辦法。

鬼怪具有文化力量，這點毋庸置疑。即使是死去的文化也一樣。就像希臘諸神，毫無疑問擁有極其豐沛的文化力道，看到一個希臘神祇的形象，我們就會想到希臘，即使現在的希臘，根本就不是這些希臘神祇風光橫行時的希臘。當我們說到獨角獸、吸血鬼、小矮人，我們腦中馬上就會浮現西方印象，這就是「神怪」的力量，是一種文化身份的主張，但就連死去的文化也能被記憶，這又是為什麼呢？因為這些幻想生命在整個西方文學史上被大量書寫。

在某個學術場合下，民俗學者溫宗翰先生曾問出一個具挑戰性的問題：「奇幻小說有沒有可能是一種民俗實踐？」值得深思。對這個問題，我最初的想法是否定的。因為奇幻小說有內部一致性。即使援引民俗素材，為了內部一致，會要求這些素材配合此一致之邏輯，甚至創造出凌駕於民俗素材的框架，藉以收攏這些素材。如此一來，乍看來用了民俗材料，其實近乎創造；而民俗——正如傳說有諸多版本，民俗觀點往往也有各種說法，沒有獨佔性。因此追求內部一致的奇幻小說，自然稱不上民俗實踐。

但後來想想，這也未必然。譬如說，奇幻小說中有民俗學者登場，即使面對民俗中的超自然想像，也有能力提供多種版本，進而排除單一詮釋。這不過是一種手段。總之，作者單一解釋介入越少，而著力於展示民俗現象本身，便能往民俗實踐的方向靠近。即使不是民俗實踐也行，無論如何，在保持適當敬意的情況下，奇幻小說都足以發揮「記憶保存」的功能。

至此，奇幻文學在臺灣的當代位置便浮現了。就好像無數希臘神話作品保存了已逝的希臘記憶，失去棲身之所的臺灣鬼怪，豈不是也能以奇幻文學作為最好的新居？這就是為何臺灣妖怪學需要導向創作——我們沒有止步於「研究」的理由。

創作
臺灣妖怪哪裡去

碰撞、挫折、一再嘗試。
妖怪們未來的舞臺還那麼大，
而現在布幕才剛要拉起。

第八講

家有大貓：民俗元素在創作上的應用

~他使用這個元素，使這款本土遊戲竟擁有八成國外玩家

文／Pache

同性向獸人遊戲《家有大貓》的製作企劃兼發起人。雖然做了以貓為主題的遊戲但其實是犬派的。

大家好，這裡是家有大貓製作組。

很榮幸受邀參加《臺灣妖怪學就醬》，來和大家分享一些臺灣妖怪創作方面的心得。

本節的主題是創作應用，主要面向的讀者，是以意圖創作臺灣妖怪主題作品的創作者為主。

雖然參與這樣主題的分享，好像我們有資格指導諸多才華洋溢的創作者似的，實在令我們不勝惶恐。但既然受邀，而《家有大貓》這個作品，也確實在付梓的過程中，受到了遠超預期的期待；那麼作為一個試著以臺灣民俗元素走向國際的遊戲，或許我們這段時間發展下來的經驗，能夠給各位創作者帶來一定程度的參考。

家有大貓中的臺灣民俗元素

那麼，請先讓我們自我介紹。

《家有大貓》是一款男同性戀取向的文字戀愛冒險遊戲。其中的可攻略對象都是獸人——也就是獸頭人身，像是狼人那樣毛茸茸的動物人。在設計之初，是一款目標玩家群相當小眾，面向獨特嗜好圈內部的遊戲。

為什麼這樣的遊戲會以臺灣民俗為主題呢？

一部分的原因，老實說，單純只是想做臺灣主題的創作。我們心想，既然其他國家經常使用其民族文化或是生活環境作為創作的主題，那為什麼臺灣不行？近年來，臺灣的創作逐漸發展，好的創作者也如雨後春筍不斷出現。我們相信臺灣是有能力的，也單純只是抱著試試看的心情，就走上了這條路。

不得不說，比想像中來得顛簸，但也比想像中深刻——深刻到讓人滿足。

就這樣，我們在作品中放入了臺灣民俗素材。我們讓故事發生在現代、臺北，同時為了增加帶入感，讓主角是大學生。

一個現代大學生的故事，要如何出現獸人呢？為了達到這點，我們讓主角有陰陽眼，而他看到的神和妖怪——正好臺灣有許多動物形象的妖怪和神祇——就成了獸人。

那麼，既然這是一個以臺灣的獸人神明和妖怪為主角的故事，自然也就和臺灣傳統民俗密不可分了。

而這樣的作品，最後超越了我們的預期，受到大量國外玩家的支持。

《家有大貓》在 steamspy（一個調查遊戲在 steam 上的發行量的網站）上的玩家已經超過了十萬，而因為我們遊戲在官網也可以下載，有相當數量的玩家不是在 steam 上下載的。考慮到這些玩家，我們的實際玩家數量應該將近二十萬，而這個數字已經逼近知名遊戲《返校》。在這之中，臺灣玩家只佔了我們總玩家數的15％左右，即使計算的是中文語系的玩家，也只稍微超過50％。換句話說，有將近一半是和我們不同語言、對臺灣背景完全不了解的玩家。

這或許和許多人想的不一樣。這麼說或許不妥，但在許多年前，人們對傳統民俗的印象是比較上不了檯面的，或許不認為這樣的主題能夠被外國人喜愛。創作者在構思作品時，或許是習慣，或許是國外娛樂文化的影響，使用的主題多少容易偏向歐美或日本，角色的名字也多見拉丁語系或日語的姓名。

然而，我們使用了對臺灣人來說習以為常的背景，角色姓名是道道地地的臺灣風，故事中的元素也都從臺灣取材。

為什麼外國玩家會喜歡這樣的作品？是什麼要素讓外國人覺得新奇？我們不敢說是我們的作品做得好，但能獲得這樣的數據想必也有其原因。於是我們內部稍微做了一下分析，試著去了解這是如何發生的。

文化與異國情懷

作為一個在臺灣民俗之外同時也有獸人主題的遊戲，當然也不是每個玩家都想看故事中的臺灣民俗元素。但依照我們在 steam 上的評論以及收到的粉絲心得來看，臺灣民俗元素就算不是他們喜歡《家有大貓》的主要理由，至少也是一個加分要素。

那麼，臺灣民俗為什麼能夠成為加分的元素呢？我們認為這原因其實很簡單：對外國人而言，異文化主題是有異國情調的。

其實這就和我們看外國主題的故事會覺得有趣是一樣的理由。不只是外國，當我們在閱讀不同文化——包含幻想故事——的時候，看到其中的各種文化細節，我們會覺得有趣，會被那種特殊的氣氛所吸引。

適度的知識可以引起人們的好奇心，讓讀者想要繼續看下去。就好像我們在接觸中世紀的冒險故事、看日本時代劇、或甚至看某些設定嚴謹的架空故事時一樣，那些我們不了解卻又隱隱透出的獨特文化，會吸引我們去了解，從而成為故事本身的加分要素。

我們相信這是臺灣文化之所以能夠吸引國外玩家的原因。這也是我們之所以不使用國外素材的理由，畢竟對外國人而言，他們國家的素材，被其他國家的人拿去創作，不見得他們會因此喜歡。舉個極端一點的例子，對日本人而言，臺灣人寫的日本故事，多少比較不容易討好吧？畢竟那些內容，他們要不是已經看習慣了，要不就是因為文化隔閡而覺得不自然，無論是哪種原因，都不容易讓日本人覺得有趣。

因此，創作外國背景的故事，對於國際化來說反而不一定是好選擇。

那麼使用臺灣民俗元素就一定會成功嗎？這點我們當然也不敢保證。畢竟任何作品都有好壞之分，即使用了合適的素材，其他方面也要有一定的品質才能被玩家接受。

如何使用素材才能呈現出一個好故事，這是個太大的議題，這裡不敢討論。不過以《家有大貓》的經驗來說，也有些我們想與各位分享的心得。

首先是民俗素材的呈現方面。

故事中呈現的民俗資訊，我們希望盡量避免帶給玩家負擔。這件事在遊戲而言特別明顯，因為遊戲的玩家對流暢度的要求比閱讀書本高。而《家有大貓》是個文字冒險遊戲，換句話說就是電子小說，這種實際上不能稱為遊戲的遊戲，雖然玩家對流暢度的要求相對沒那麼高，但也因此在閱讀時無法以玩法來維持讀者的興趣。我們擔心太過深入的內容會讓國外玩家不容易吸收。

為此我們使用了保守的作法：「註釋集」。透過在故事中給關鍵資訊提供註釋的方式，讓玩家可以在不打斷劇情閱讀的情況下，有機會能接受更詳細的臺灣資訊。玩家可以隨時回頭翻閱註釋集，而不需要在看故事的當下就要求玩家理解；這樣就不會影響到故事的閱讀，也能夠放入更多詳細資訊。

不過這畢竟也是文字冒險遊戲才能使用的手段，其他的媒體很難使用這種方式。即使是小說，在書頁邊緣加註的形式，也沒辦法像遊戲這樣放入大量資訊。「註釋集」這種方式，也只能作為一種思考方向給大家參考。

也因此，除此之外，我們建議在將民俗資訊呈現給讀者時，先提供讀者一個容易理解、想像的背景。先讓他們容易想像、進入故事，在抓穩故事基調之後，再提供給他們需要思考、吸收的資訊，對讀者而言會輕鬆得多。

再次以《家有大貓》為例：我們選擇使用現代生活下的大學生為主角。

畢竟在現代生活中，不同國家的差異不是那麼大。國外玩家可以在接觸現代生活的同時，慢慢吸收故事中的民俗資訊；即使他們想像中的大學和我們的大學可能不太一樣，但至少在講到大學時，他們是能夠想像的。如果從主角的老家開始講起，光是三合院就要特別另開篇章特別說明的話，在閱讀流暢度上難免會打折扣。

透過從現代日常生活開始，我們希望能讓玩家在接觸故事內容時能夠有個想像的基礎。多少會有和實際的臺灣現況不一樣的地方，不過最重要的是，如何在這之中把臺灣的文化傳播出去。

與此同時，在這些日常生活中，其實也多少能透露出臺灣的生活氛圍。這些生活氛圍，和國外的氣氛也是不一樣的。這就好像我們在看日本作品的時候，對於滿員電車的描述、賞櫻要先佔位的習俗，都是從日常生活故事中慢慢了解的事；又或是美國人的早餐習慣吃蛋、培根配柳橙汁，雖然現在人們可能常常看外國電影習慣了，但其實這也是一種我們不熟悉的異國情懷。而臺灣的日常生活中，也有許多像這樣，對我們而言很普通，對外國人而言卻是異國情懷的事。

這些和外國人不同的生活習慣，能否成為作品的題材？我認為是可以的，只是對我們而言太普通了，不容易想到可以成為題材而已。

當然另一方面，因為臺灣人創作最先還是給臺灣人看，不能讓作品內容完全只服務外國人。如何將這些日常生活題材寫得對臺灣人而言有趣，對外國人而言也不會難懂，就是需要巧思的部份了。

民俗資訊的呈現

在上一個段落中，也有提到為了讓讀者能夠容易吸收民俗資訊，需要一個容易想像的情境好讓讀者更容易進入。而本書的主題是臺灣妖怪，在描述臺灣妖怪時，對於不了解臺灣妖怪的外國人，勢必需要提供一定程度的妖怪講解。

不過在進行妖怪講解時，創作者很容易遇上一種狀況：那就是調查了眾多考據之後，會很難掌握應該提供多少考據給讀者。

對於作者而言，好不容易查到的資料，每一條又都那麼有趣，要在故事中捨棄，不將之呈現給讀者，想必是一件非常可惜的事吧。但是在呈現的同時，又很容易發生呈現的資料太多，而帶給讀者壓力，或是不小心壓迫到故事主軸，使主軸偏移的狀況。

讀者在接觸故事時，無論形式或需求，大部分的讀者應該是都不喜歡故事突然變成教科書的。雖然在東野圭吾的〈超長篇小說殺人事件〉裡，也有作者放入大量專業知識的例子，但就算文學作品可以這麼做，通俗文學、輕小說類作品也不太可能那樣處理，更不用說漫畫、動畫或遊戲等視覺化作品了。

作品在呈現時，還是要盡量讓讀者覺得愉快。無論捨棄掉的背景知識有多可惜，如果放入的背景、考據可能會造成讀者負擔，或許還是不要放入比較好。需要放進故事中的專業知識，最好都能有劇情上的意義，不然對讀者而言，要吸收這些知識也會很辛苦吧。

在故事中呈現的背景資訊量，到底多少才合適，很難說有一個明確的標準。

不過在這裡，我們還是試著提出一點建議：我們稱之為百分之五原則。在故事中直接描述的專業知識，應該只佔為了構思整篇故事所準備資料的百分之五，這樣才能讓放進去的內容顯得自然而生動。

如果想要在故事中放入更多背景知識，最好相應地增加劇情量，或是偷偷放在不引人注目的小地方；至少，不能長篇大論地放在內文裡。畢竟這個時代，除了學術研究書籍，對大部分讀者而言，觀閱故事還是為了娛樂。

而且我們也相信，如果想要將臺灣民俗推廣給讀者，那不要太直接地告訴讀者，而是從小地方引起讀者的興趣，這樣的效果會比將民俗內容直接寫進劇情中更好。

人總是會有這樣的心理，如果是別人明確想要告訴自己的事，多少會覺得容易厭煩，不會想聽。如果是別人好像不太想告訴自己，甚至刻意吊人胃口的話，反而會產生興趣。這點雖然在創作上不見得普遍有效，但至少這樣的心情，我們相信，在涉及陳述背景相關資訊時，還是有影響的。

換句話說，要訣或許是「不要讓讀者感覺到你想講給他聽」，這樣吧。

這個例子或許不太準確，但在家有大貓遊戲推出後，出現了一部分所謂的「考據黨」。有一些玩家因為喜歡裡面的角色，願意自己花錢花時間去調查角色背後的歷史資料，甚至有人為此跑去故事中的地點實地勘查。其中有些資料，甚至比製作組考據的更詳細。

本來我們在製作遊戲的時候，也沒有想要讓所有玩家都去了解背後的歷史文化。但是玩家對於故事後的民俗背景的興趣，比我們想像得還要積極。有些外國玩家甚至表示想要來臺灣旅遊。這樣的支持，真的讓我們很感動。

利用典型呈現角色

如前所述，在呈現背景資訊時，利用讀者熟悉的事物來幫助讀者建立想像，是輔助陳述的方式之一。

這一點，或許也可以拿來利用在故事的鋪陳和布局、甚至是角色塑造上。

本書的主題是臺灣妖怪。那麼在進行妖怪創作的時候，這些妖怪自然就會成為故事中的角色。和其他所有故事中的角色一樣，妖怪會有他們的背景故事、會有其特質，作為臺灣妖怪，也應該有呈現臺灣民俗風情的地方。

那麼在描述這些臺灣妖怪時，對於相關的背景知識，難免也需要有技巧地呈現給讀者。而利用讀者容易想像的資訊，來讓讀者能快速提升對角色的了解和好感，我們認為也是有必要的。

特別是以遊戲來說，角色通常是玩家在接觸遊戲時第一個注意到的部份，對《家有大貓》這種戀愛遊戲而言更是如此。那麼如何讓玩家能迅速喜歡上角色，就不得不使用些「典型」了。

所謂的「典型」，就是角色帶給讀者的首要印象，誇張一點說也可以稱為「萌屬性」——即是某些讓讀者覺得可愛、受吸引的特色，在經過多個作品的共同塑造後形成了特殊的套路，而熟悉的讀者能立即了解的角色特質——例如傲嬌、雙馬尾、腹黑、黑長直等等的，這類型的萌屬性在現在的輕小說作品中相當常見，也成為某種類型的角色塑造技巧。

這些萌屬性雖然容易讓角色顯得老套，但對於讓讀者熟悉角色而言確實是有幫助的。再次以《家有大貓》為例。《家有大貓》中的主要角色在外觀和性格上，我們分別給予了一、兩個直觀的典型萌屬性。例如「大叔」、「無口」、「偽正太」，我們的三個可攻略角色，各自擁有至少一個讓人第一眼看上去，就會認為「應該是這樣的角色吧」的特質。利用這種方式，讓讀者對角色能夠迅速產生一個明確的形象。

當然這並不是說只要有明確的角色形象就好。如果大叔就只是一個大叔，那這個角色就會顯得很淺薄。舉例而言，我們賦予大叔角色的屬性，同時還有「老媽子」、「傲嬌」、「貪吃」等屬性——雖然這些屬性貌似不應該出現在一個男性角色身上——而在這些屬性底下，我們也給了該角色會有這些性格的理由，並盡可能讓這些性格和他的民俗背景產生緊密聯繫。

或者也可以說，利用他的民俗背景以及和主角的關係，將他的性格特化，直到能產生這些典型屬性的程度。

以剛剛的例子來說，該大叔角色是位虎爺，是主角的守護神。因為威武的外型所以是大叔、因為要保護主角所以會像老媽子那樣碎碎念、因為身為神明不想明確表達感情所以是傲嬌、因為被用食物祭拜也吃不飽所以貪吃。我們從該角色在民俗中的特徵以及與主角的關係去發展，將性格特化，並讓在角色性格直觀的同時，和背後的民俗背景仍然有緊密的關聯。這樣在讀者了解角色之後，仍然能夠有機會去了解角色背後的民俗設定，也不會讓角色因為有這些表面的典型屬性而顯得單薄。

換句話說，以遊戲這種視覺化作品而言，為了讓玩家能夠快速理解，典型的萌屬性或許能提供相當程度的幫助；但是這些萌屬性不能流於表面、不能是沒有理由突然加在角色身上的。設計給予角色的萌屬性時，屬性來源最好能和角色的民俗背景緊密結合。

使用萌屬性是讓角色活化的一個簡單快速的方式。但也要小心，不要被這些萌屬性給影響，讓角色、甚至是讓故事顯得單薄了。

避免過度典型

一個作品如果只有表面而沒有內涵，是很難真正讓讀者喜歡的。如果角色的形象只是幾個萌屬性湊在一起，讀者看不出角色為什麼會有這些萌屬性，自然會讓讀者覺得無聊。

對於故事本身的塑造而言，也是差不多的道理；老梗的展開很多時候也很有用，但如果老梗的背後沒有其原因，讀者是會覺得莫名其妙的。

也因此，在使用典型來塑造角色和故事時，千萬不可以捨棄故事本身的概念核心。對於臺灣妖怪的故事而言就更是如此了。因為我們有很明確的表現主題在裡面：臺灣民俗。故事的角色、情節自然不該偏離這個主題。

在描寫故事時，如果因為典型而讓角色產生臺灣人不會有的動機；在設計妖怪時，若是為了加入萌屬性而捨棄了妖怪原本的特質，那就只是做出一個掛著臺灣的皮，而失去了民俗本質的故事而已。

擁有那些典型劇情、典型角色的故事那麼多，發揮得好的作品也如過江之鯽。為什麼外國讀者、甚至本國讀者要來看這些掛著臺灣民俗皮的典型故事呢？

或者該說，更本質的問題是，為什麼讀者會想看臺灣故事？為什麼我們會想寫臺灣故事？

或許我們應該翻轉棋盤來看看。

先不考慮如何寫出有靈魂又有萌屬性的臺灣妖怪角色。對於各種作品中，我們喜歡的角色有哪些？他們有萌屬性嗎？在有萌屬性的同時，為什麼我們會喜歡他們呢？

相信每個人都有自己的答案，不過對於這個問題，我們的看法是這樣的。

在賦予角色萌屬性的同時，那些萌屬性最好都要有它們的形成來源。如果想要把某個臺灣妖怪描寫成傲嬌，那和這個臺灣妖怪有關的民俗傳說中，應該要有暗示這個妖怪會是傲嬌的提示；或者反過來，我們在熟悉、掌握了妖怪傳說之後，再從這些傳說中找出和傲嬌有關的特點，將這些特質誇張化、改編修飾成為傲嬌。

當然，也不是所有妖怪傳說都有改編的可能性。不過至少我們建議這樣的方向：將臺灣妖怪角色誇張化的同時，這些改動最好都有來源。這樣的話，角色才會有來自臺灣的生命力；這樣的角色，才是根植於臺灣民俗之上發展出來的角色。

臺灣故事也是一樣的。只有當使用的素材確實和臺灣文化有關，寫出來的故事才是臺灣故事。

也只有當讀者愛上這樣的角色、愛上這樣的故事時，我們才能透過故事，將臺灣的妖怪傳說傳達出去。

那應該，就是我們身為臺灣創作者的本源吧。

結論、展望與期許

臺灣妖怪的故事，就是表現臺灣、源自臺灣的故事。這些故事應該要表現出臺灣的特色，但也不能太過強調，而讓讀者難以理解和想像。這不只是針對外國讀者的問題。即使是本國讀者，對於傳統民俗的了解也不見得很豐富，有些人從小生長的環境更是與民俗相當脫節的。

我們應該讓他們喜歡上根源自臺灣的故事。這不是在說人應該要落葉歸根，而是我們臺灣的文化，本身就應該是很美的。偶爾可能也很樸拙，但同時也很可愛。越深入去了解，就忍不住越來越喜歡它。這樣的文化，同時也是和我們切身相關的文化，值得我們去喜愛。

期待臺灣民俗能發展出更多的創作。希望終有一天，臺灣的藝術、文化、歷史能夠像日本人打造出的「和風」文化一樣，發展出專屬於我們的、獨特而根深蒂固的風格，並讓全世界人都能感受到這份文化的美。

Nekojishi
家有大貓
START

第九講

談《說妖》的誕生

～關於妖怪傳說轉生成桌遊這件事

文／NL
白天是社畜晚上是工作室成員，《說妖》桌遊設計師、《尋妖誌》作者之一。喜歡的遊戲類型是卡牌策略、類銀河惡魔城和角色扮演。

現在的你處在一個之前從未到過、或甚至看過的房間中。透過昏暗的燈光，你注意到房間正中央有張大得不像話的桌子、圍繞著圓桌的數張椅子，以及另外七個人。正當你納悶著自己是如何來到這地方時，你注意到自己手上的邀請函，上頭的主旨寫著：「歡迎參加說妖儀式」。

接著你想起來了，想起這幾個月來的痛苦與挫折。你的人生在一夕之間朝無可挽回的方向失速崩毀，你用盡方法解決，試圖讓問題不再那樣嚴重，但所有一切皆是徒勞。就在走投無路之際，那封邀請函出現了。它宣稱只要前去參加儀式，並待到最後，就能實現你任何的願望。

是的，這就是你來到此地的原因。儘管邀請函看起來再可疑，但現在的處境已經不由得你挑三揀四了。為了結束這一連串的痛苦，你願意嘗試任何方法，即使那看起來再瘋狂也一樣。

儀式規則相當簡單，只要求參與者們持續講述靈異故事，「直到剩下最後一人為止」。你們照辦了，剛開始一切都很正常，不知情的外人來看或許還會以為這裡正在舉辦說故事大會。但就在其中一個人說完故事的瞬間，房間捲起陰氣森森的冷風，一隻「妖怪」在眾人面前現形了。

直到這時你們才意識到這不只是普通的說故事大會，而想待到最後所必須付出的代價，或許也遠超過自己的想像。

但你有著絕對不能退出的理由，環顧其他七人的表情，你相信他們也與你有著同等的覺悟。說妖儀式從現在才正式開始，而懷抱著各自祕密的你們，決定不惜一切也要成為儀式的勝利者……

上述這段劇情，便是《說妖》桌遊的背景。

這款由臺北地方異聞工作室獨立製作的桌遊，以臺灣妖怪為主題，結合現代的背景與各具特色的角色，於二〇一七年九月登上募資平台，最終以總募資金額兩百七十多萬結案，也因此有幸成為臺灣桌遊募資史上前十大遊戲之一。

這樣一個就連工作室成員自己都意想不到的驚人成果，反映了臺灣近年來本土題材越來越受到注目。若這些素材運用得當，將它們轉化為有趣的故事和作品時，是能受到許多人支持，甚至具有市場潛力的。

不過事實上，設計《說妖》的過程並非一路順遂。在企劃的最開始，工作室就期望這遊戲同時承擔議題又足夠有趣，才會吸引人想反覆遊玩。但真正進入實作階段時，我們才發現理念與遊戲機制間的平衡如此困難。彷彿嫌這些困難還不夠似的，我們甚至決定再放入自己最喜歡的角色元素與世界觀設定。

這簡直像是一直以來只泡過泡麵的人，第一次下廚就想做出一道賣相好、口味獨特、營養價值豐富同時還符合大眾口味的料理一樣（而且還堅持全程使用本土食材！）。其結果就是，製作時間遠超出當初的構想，投入的成本也幾乎難以回收，過程中甚至面臨數次打掉重做的危機。

不過，儘管遇上種種危機，也經歷了一些妥協，最終我們還是將料理端上桌了。這不是一個完美無缺的作品，甚至留下一些遺憾。不過我們相信這些失敗經驗是寶貴的。因此，這篇文章的主題，將會分享工作室在製作「說妖」時，遇到了哪些困難，並經歷了哪些嘗試後，最終如何找出解決方案。希望能提供未來打算投入桌遊製作的創作者們，在遭遇類似的問題時一些參考的依據。

《說妖》的誕生

在正式進到桌遊設計的環節前，我想先談談工作室設計《說妖》的緣由。

臺北地方異聞工作室在二〇一六年出版了《唯妖論》，蒐集臺灣四十九個妖怪傳說，將相關的文獻整理成妖怪介紹，再從這些介紹為基礎，創作以每個妖怪為主題的短篇小說，是一本兼具考據整理及創作性質的妖怪專書。

在爬梳妖怪文獻的過程中，我們發現到在不同的傳說間，往往有一些相同的情節元素會被反覆利用，這個現象不只在同一個族群間的傳說是如此，就連不同族群間也能看到。

舉例來說，在漢人社會中有個名為燈猴的傳說。燈猴原是竹製的家具，可以用來擺放燈油、燈芯。過去人們會在年末焚毀舊燈猴，以餘燼明暗占卜明年運勢；而在另一個椅仔姑的傳說中，則有著未婚女子於正月十五或八月十五，以家具為媒介將椅仔姑請來占卜的習俗。這兩則傳說都展現出漢人社會中會運用生活家具作為占卜道具的現象。

另外，在阿美族與撒奇萊雅族的傳說裡有種名為拉里美納的妖怪，據說只有將死之人才會看到祂。拉里美納會幻化成對方已故的親人和其聊天；在有些傳說中，拉里美納還會誘惑人心，帶人前往危險的地方，或誘人吞下昆蟲或動物糞便。這樣的作祟方式令人不禁聯想到漢人傳說中，同樣會引人迷路、餵食牛糞的魔神仔。

這些傳說相似或共通的地方，有些反應一個民族的生活習慣，有些則提供我們不同民族間或許有過交流的想像依據。當我們把每個傳說看作單一故事看待時，或許很難找出如此的關聯，不過一旦將這些傳說並排在一起，便能看到這樣有趣的現象。

就像我們能從臺語找到日本文化留下的字詞，或在料理的口味看出閩客交流的結果一樣，傳說故事們也並非不相往來的冷漠鄰居，在情節、元素裡，都藏著許多文化活動的線索。

我們開始思考這或許能成為另一種認識臺灣妖怪的方式：將妖怪傳說分解成好幾個不同「情節」組成的故事，能輕鬆地記住每個妖怪的特色，並且在比較不同妖怪時，也能發現傳說間相似或不同的地方。

《說妖》最初便是從這樣一個簡單的構想開始的。

從發想到桌遊

順著這樣的構想，工作室成員提出以故事接龍為主題，做一款參與者輪流講靈異故事，妖怪們則隨著靈異故事主題越講越多，而現形作祟的桌遊。

在這個提案中，玩家就是儀式的參加者，每個玩家手上有著以單字表示的「故事牌」，每張故事牌都代表著一個故事情節，例如死亡、幻覺、惡作劇等……而妖怪們也化身為卡牌，並有所謂的「召喚條件」。這些條件從妖怪各自的傳說中挑選出來，作為該傳說代表的故事情節。

初期規劃的玩法相當簡單，玩家需輪流將手上的故事牌出到檯面，當檯面上的故事牌種類與某隻妖怪牌上的召喚條件完全相同時，玩家便能召喚該妖怪。

用更為現代的方式解釋，就是我們為每隻妖怪都量身打造了祂們的 Hashtag。例如喜愛作弄人、帶人迷路又讓人亂吃東西的魔神仔，祂的標籤就是「#惡作劇#幻覺#失蹤」，而在玩家不斷出牌增加桌上的標籤，直到魔神仔的三個 tag 都湊齊，祂就會應聲而出。

在這個構想中，「說靈異故事」這個行動被變成「打出代表故事情節的牌」，妖怪們的傳說故事也被精簡成情節關鍵字。

這些作法能將複雜的行動（說故事）和文本（妖怪傳說）簡化成便於操作的遊戲內容，再將這些內容加以規則化，使遊戲能簡易且有邏輯地進行。

畢竟桌遊最終還是需要玩家們自行閱讀、理解規則的，因此把太複雜的行動簡化、機制化，可說是協助玩家進入遊戲一個相當重要的環節。

不過，只用打牌當作講故事果然還是哪裡不太夠，我們希望能讓玩家更進入「說故事」這個情境，感受講靈異故事的陰森氣氛。因此決定加上一條「召喚妖怪前，必須將檯面上的所有故事牌串成一個故事，再說給大家聽」的規則。

但這規則做起來簡直比小時候大家吃飯要喊的開動口號還令人尷尬。

在試玩過程中，召喚妖怪前的故事說起來通常會是像下面這樣的（以檯面上的故事牌有兩張「嬰兒」、一張「幻覺」、一張「失蹤」、一張「惡作劇」和一張「死亡」為例）：

從前從前有兩個嬰兒，其中一個嬰兒對另一個嬰兒調皮地做了惡作劇，害得那個嬰兒失蹤了，結果惡作劇的那個嬰兒後來也因為看到幻覺死掉了。

在當時，因為遊戲設計的其他缺失（是的，設計初期的問題可多著），四人局平均要在遊戲開始後的三十分鐘，才有辦法召喚到第一隻妖怪。也就是說，一款主打妖怪主題的遊戲，要先玩個半小時才會碰到主要內容，在那之前還要先被迫講或聽一個亂七八糟的爛故事。

如果我在桌遊店玩到這樣的遊戲，肯定立刻整盒收好，去櫃子換一款來玩。

事實上，當玩家在毫無心理準備的條件下，被迫面對許多毫不相干的元素，還必須把它們講成故事時，胡亂拼裝元素會成為首選的「說故事」方式是可以想見的。

不只如此，玩家講完故事以後，不僅沒得到任何遊戲內的獎勵，其他玩家也無法依循規則對故事好壞做出反應。換言之，這是個與遊戲內容脫鉤的規則。除了講完故事後的尷尬氣氛外，沒能為遊戲帶來更多。

理所當然地，第一次測試後我們刪掉了這條規則。

不過扣掉這個失敗的嘗試，「打牌—召喚」這個流程倒是和我們預期中的效果相去不遠，關鍵字也的確能讓玩家更快速記起每隻妖怪的特色。遊戲的核心玩法便也因此奠定下來。

做出「好玩又有意義」的遊戲

雖然「打牌—召喚」的核心玩法很快就建立了，但我們也發現這個遊戲機制實際上相當仰賴玩家的運氣，遊戲時間也大幅超出我們的預期。

但問題的源頭，偏偏正是我們想藉由桌遊讓玩家記憶妖怪的理念。

《說妖》在初期規劃時就決定在遊戲中放入十六隻妖怪。為了讓玩家能藉由召喚條件注意到妖怪間相同和相異的地方，該從原始故事中提取哪些情節作為召喚條件，便是相當重要的關鍵。

挑選情節時若每個妖怪的召喚條件差異過大，會難以呈現傳說間的共通性；相反地，一旦召喚條件過於相似，又無法展現出每隻妖怪的特色。

在最初設計的版本中，每隻妖怪各有三到六個召喚條件，遊戲中共有近三十種不同的故事元素，並且全都是以文字呈現。在沒有任何顏色或圖形輔助的情況下，玩家相當於必須在三十種元素裡找到完全相同的三至六種。

在這我們可以用一個生活化的經驗：對發票，來想像一下這個遊戲玩起來會是甚麼樣子。

有對過統一發票的讀者應該知道，只要對中發票末三碼，就能獲得最小獎六獎，但就算這樣，六獎都不是那麼容易能對中的。也就是說，光從零到九這十個數字裡找出三個一樣的數字都不是件容易的事情，要從說妖的三十種元素裡找出三種一樣的，即使不用在意元素的排列順序，難度還是比對發票難多了。

更別說發票算進增開六獎了不起就八組數字要對，說妖總共有十六種組合，不只找的基準是三倍大，要找的目標也是兩倍多，也難怪要玩半小時才叫得出一隻妖怪了。

這些繁雜的元素導致遊戲時間大幅拉長、節奏緩慢，對玩家而言比起玩遊戲，更像是在單純的比文字對獎（更慘的是還會有人在你對獎對一半的時候攔胡拿走你的獎金）。回合內的玩家玩起來不有趣，剩餘玩家除了等待也很難做出策略。

為了解決這個問題，我們做了兩樣調整。

首先，我們加入一些機制，讓玩家更容易更換故事元素，增加取得想要的資源的可能。其次，我們把故事牌分成四大類，並給予這些類別各自的顏色。有了顏色的輔助後，玩家可以更快知道自己是否缺乏某類故事牌，也更容易找到有機會召喚的妖怪。

但我們仍舊覺得這個遊戲帶給玩家的體驗樂趣不夠，更直接點說，就是「不夠好玩」。因為要成功召喚妖怪還是太難了。

前面提過，故事牌分為四大類，這當中有一類的召喚條件稱作「專屬條件」。這個類別的每個元素，都只專屬於某一隻妖怪。舉例來說，即使虎姑婆和其他傳說故事都會出現「吃人」的情節，但「用熱油澆死」可以說是只能在虎姑婆的故事才能看到的，因此「熱油」牌在遊戲中只能用來召喚虎姑婆。

為了體現個別妖怪的獨特性，我們設定了許多的專屬條件。並讓這些專屬條件在所有故事牌中僅有一張。

這時各位讀者或許會發現：僅僅只有一張的故事牌，會對召喚特定妖怪造成相當大的困難。而這僅有一張的故事牌，卻在整個遊戲初期佔了十三種之多！也就是說遊戲內的十六隻妖怪裡，有超過三分之二的妖怪需要從將近七十張的牌堆裡，抽到唯一的一張牌才有可能召喚。

文章到此，先讓我們暫時跳出來想想，怎樣的遊戲可以算得上好玩、有趣的呢？

這個問題問上十個玩家可能會得到十種不同的答案。有在意遊戲美術是否精美的人，也有喜歡重策略遊戲的人，當然更有「玩遊戲就是要輕鬆歡樂！」這樣追求有趣就好的玩家。這些都取決於玩家的喜好，要做出一款讓所有類型的玩家都喜歡的遊戲，幾乎可以說是不可能的。

但如果將前面那個問題反過來問：「怎樣設計才不會讓遊戲無聊呢？」或許就能抓到一些共通的準則，而其中一個重要的原則就是：別讓玩家覺得自己的行動是沒有意義的。

專屬條件的設立，或許在保留妖怪獨特性和傳遞文本上很重要，然而一旦這樣的條件佔了遊戲裡三分之二以上時，會使玩家思考策略的可能性大幅降低。因為即使再怎麼分配資源、擬定策略，一旦抽不到關鍵的牌，玩家便不可能召喚妖怪。

不僅如此，由於每張專屬條件在牌堆中只有一張，即使玩家布局再縝密，要是專屬條件被其他人抽走，那前面幾個回合的努力便通通失去意義。這時對玩家來說，與其花力氣思考如何留牌湊條件，還不如祈禱下一回合自己的手給力一點，能直接抽到專屬條件。

在這個情況下，遊戲核心的「打牌－召喚」對玩家來說幾乎沒有思考的意義，即使成功召喚妖怪也只會覺得是自己運氣好，就也難以從中感受到樂趣了。

對工作室來說，專屬元素是妖怪傳說的精髓，讓每隻妖怪之所以獨特的地方。因此我們想盡可能保留專屬元素。但無論是內部測試或甚至到募資上線、舉辦公開試玩時，我們都持續收到「希望減少專屬元素」的意見。

若想讓遊戲更有快感，元素的簡化便勢在必行；但如果想藉著桌遊推廣正確的妖怪傳說，複雜不親民的元素才有可能最大限度地保留脈絡。這對我們來說，完全是文本完整性與遊戲性之間的拉扯。

幾經掙扎和討論後，最終我們決定回到最初對這款桌遊的目標：想藉著它讓更多人理解臺灣的妖怪故事。

以這個目標為核心，我們只適度減少專屬元素的種類，讓需要專屬元素召喚的妖怪下修到十個。這並不是相當大幅的調整，需要專屬元素的妖怪還是佔了整體的一半以上。這個選擇意謂我們放棄讓核心規則更簡單好操作，而朝保留文本完整性的那端多靠攏一些。

但我們沒有因此放棄讓遊戲更好玩。相對地，我們嘗試在核心機制外追加其他規則，例如讓玩家在特殊條件下用更少的條件召喚妖怪，或是加入妖怪的特殊能力，使故事牌更好流通，彌補召喚的難度，也增加遊戲的變化性。

我們也另外撰寫一本妖怪小冊，收錄每隻妖怪的完整故事，讓玩家在透過遊戲提起對妖怪的興趣時，能馬上知道更詳細的故事，彌補妖怪傳說被簡化成關鍵字的缺憾。

從設計理念出發奠定核心機制，再藉由追加規則和機制外的補充，建立遊戲體驗和文本完整度間的平衡。這就是我們最終得到的答案。

歷經許多調整後最後呈現的妖怪卡，上方是從故事提取出的召喚元素。

尋找遊戲的終點

妖怪文本的保存與遊戲好不好玩之間的拉扯，是直到桌遊送印前都令我們持續煩惱的問題。但事實上遊戲從設計一開始便一直有個懸而未決的問題，那就是遊戲的結束條件。

對日本文化稍微熟悉的讀者或許會注意到：《說妖》的背景設定參考了日本的百物語。在百物語中當參加者講完第一百個故事，吹熄第一百根蠟燭時，儀式便宣告結束。然而說妖儀式並沒有像百物語這樣清楚的目標，換句話說，在規劃初期我們不知道這個儀式（遊戲）何時才會迎來終點。

不過總不可能因為這樣就在規則書寫上「遊戲將持續到所有玩家覺得膩了為止」。不僅不負責任，從遊戲設計的觀點來看，明確的結束條件也能激起玩家的遊玩動力，是相當重要的要素。因此「遊戲該如何結束？」這個問題在很早就被納入討論。

過程中我們嘗試了許多可能性，例如「最先召喚到第十六隻妖怪的玩家獲勝」、「作祟到第幾次的玩家獲勝」、「遊戲開始前每人決定一隻目標妖怪，成功召喚便獲勝」……等，但這些作法都無法令人滿意。

在說妖的核心機制下，運氣是玩家能否召喚到特定妖怪很重要的因素。抽不到關鍵牌、想叫的妖怪被前一家叫走，都是遊戲中經常發生的狀況。將勝利條件限定在妖怪或作祟次數，這樣「只要達到一次便能獲勝」的條件上，會使玩家的操作性過低，因此這些提議都在經過試玩後遭到否決。

為了找出讓玩家更能掌控的勝利條件，開發時程整整延宕了一個多月。最後我們決定再這樣想下去也不是辦法，不如先解決另一個在意已久的問題：玩家為何要參加說妖？

說妖是一個會在儀式上會出現對人類有害、對人作祟的妖怪。在故事背景設定的現代，這樣一個科學理性強勢發展的世界裡，為何會有人相信、甚至願意冒著風險參加這麼可疑又危險的儀式呢？若非儀式宣稱完成後能得到豐富的報酬，就是參加者有不得不參加的理由。

以此為前提我們開始想像參加儀式的理由，最直覺出現的答案，是參與者們遭逢了難以解決的困境，而且必須要是現代社會的科技、人力都無法解決、徹底走投無路的難題。若突然冒出個儀式，宣稱參加後就能借助參加者們「妖怪」的力量，解決他們的人生難題。對這些人來說，錯失這個機會說不定就再也無法渡過難關，而就算真的被騙了，他們也沒甚麼好再失去的。

八名走投無路的角色隨之誕生，說妖儀式能實現人們願望的設定也伴隨出現在背景中。

事實上最初提出「為何要參加說妖？」這個問題時，只是團隊內部為了找出一個能說服自己投入故事的理由。不過當這些設定完成之後，我們發現這或許能為遊戲結束的條件提供了一個新的切入點。

八個各自的人生和八種不同的動機，彼此明明是陌生人，卻因為共同目標而聚集在一處，這聽起來相當具有發展故事的潛力。所以我們最先想到的，是「當玩家推理出任一個其他玩家參與說妖的理由時，遊戲便結束」。

這是個完全滿足製作團隊對推理劇愛好的勝利條件，也總算能不再和召喚妖怪或作祟扯上關係。但試玩過後這個勝利條件還是遭到否決，因為這個條件和召喚妖怪、作祟實在太脫勾了。

玩家如何推理、用甚麼推理，該怎麼判定推理結果的對錯，都與遊戲核心的「打牌─召喚」規則毫不相關。在既有的規則底下根本無法找出完成推理的作法。但若想加入專屬推理的玩法，就會讓一款遊戲同時有兩種不同核心規則，像是要求玩家照著規則玩橋牌，卻得用撿紅點的方式計分一樣，兩者必定會互相干擾，破壞遊戲體驗。

最後，我們放棄用推理來結束遊戲的方案，改採能明確機制化、數值化的方案：精神值。

不管這些角色基於甚麼理由，自願參加說妖儀式，但他們終究只是一般人，很難想像他們會對妖異絲毫不怕。因此我們設定當妖怪作祟時，角色會受到驚嚇。一旦角色受到驚嚇的創傷超過他能承受的範圍，便會失去理智，被迫離開儀式。

這個方案最大的優點，在於玩家一開始就知道一個明確的目標，卻很難一次完成。由於妖怪每次作祟只會削弱少量的精神值，因此玩家必須藉由好幾次召喚和作祟的累積，才能獲勝。在遊戲勝利並非一翻兩瞪眼的狀況下，即使有玩家一開始居於劣勢，也有機會在後期扳回一城。

有了能明確數值化的規則後，遊戲的可能性忽地擴展開來。我們調整了妖怪能力，讓它們有相互加成、連擊的可能，也讓妖怪能力能更容易展現特色。儘管這些設計都還經過數十次的調整，但遊戲已經有了明確的玩法（打出故事牌—召喚妖怪）與可行的勝利條件（發動作祟—擊敗其他玩家），更能將每種能力的影響轉換成對精神傷害的期望值，使我們在調整上能更有方向和依據。

結語

確定了核心玩法與勝利條件，也設定出完善的遊戲背景與角色，可以說設計桌遊時最基礎的材料都已經備齊。雖然還有許多平衡調整、卡面設計等工作，但都屬於相對細節的階段了。

這篇文章最主要想分享的，是如何將文本資料轉換為遊戲，以及更重要的：當保存文本脈絡的理念，和想讓遊戲更好玩的堅持發生衝突時，該如何是好。

桌遊發行至今，我們收到不少覺得遊戲機制有趣的回饋，也有玩家說玩過桌遊後會想去翻閱妖怪小冊，甚至進一步找相關的書籍來看的意見。這對我們而言是相當大的激勵，說明了桌遊和文字資料真的能達到互補的效果。

最後值得另外一提的是，儘管桌遊沒能將角色們參與儀式的動機納入規則，我們還是不甘心就此放掉這些故事，這個理由最終成為《說妖》小說出版的原因。可以說《說妖》會從一個單純的桌遊變成工作室目前全力發展的的跨媒體企劃，全是因為我們在這過程中發掘出更多有趣、想講的故事。

希望藉著這篇文章的經驗分享，能讓各位對於資料轉換成遊戲的實作過程有更具體的想像。要是能更進一步在大家設計遊戲，遭遇困難時提供一個思考的方向，那就再好不過了。也期待未來能有更多人一起投入將文史資料轉化為大眾娛樂的行列中，為這些有趣、值得被記憶的文化，找到各式不同的推廣方式。

【附錄】

文字專訪《三牲獻藝》團隊柯智豪老師

柯智豪老師是臺灣重要的音樂家，不僅是多項金曲獎的得獎人，其作品產量也相當驚人。從樂團專輯、電影配樂、插曲，甚至到許多公部門的音樂設計，例如燈會、一〇一煙火秀或世大運開幕式，都有老師參與製作，守備範圍可說是相當廣泛。儘管如此，在柯智豪老師的音樂裡常常能聽見許多臺灣傳統音樂的元素，如傳統樂器，或甚至廟宇祭典儀式的聲音採樣等。而近年來老師也致力於傳統音樂、臺灣多項語言、東方儀式與戲曲的採集與重製。

二〇一七年臺北地方異聞工作室推出《說妖》桌遊時，也曾找來柯智豪老師合作，以說妖儀式為意象，創作了一首長達六分鐘，專屬《說妖》桌遊的主題曲。在這首曲子裡有誦經、南北管等傳統元素，卻又透過電子樂的元素讓曲子的主題與發生在現代的《說妖》相契合。

此外，柯智豪老師除了個人創作以外，也參與一個名為「三牲獻藝」的樂團。三牲獻藝由柯智豪、黃凱宇（fish.the）、鄭各均（小各）三位老師合作組成，至今已推出《三牲獻藝》、《中壇元帥》和《八將》三張專輯。每張專輯都帶有濃厚的臺灣民俗色彩，卻又時常結合有著現代感的電子樂，使傳統的聲音及文化呈現相當不同的風貌。

因此，在這一節中，我們特地以文字專訪了柯智豪老師。訪談的前半部份將會請老師談談在利用臺灣的傳統元素創作現代音樂的過程中，有哪些心得；而專訪的後半部份，則由三牲獻藝樂團內的三位老師分享他們在製作音樂專輯上的心得。

1. 我們知道老師在創作過程中會放很多民俗的聲音或樂器進去，想請教老師是為什麼會想運用這些元素？有什麼樣的契機或理由嗎？

主要的原因可能是這幾年我有一個組織叫三牲獻藝，我們花了蠻多的時間在臺灣的廟宇文化裡面學習和尋找元素來做電子音樂。

這段期間我一直在想臺灣音樂的定位樣貌，應該說一個定位可能可以透過很多種不同的視角來呈現，也許是一種脈絡也許是一種樣貌，而音樂家能做的事跟文史家其實不太一樣，思考音樂家的守備位置，所以我希望找到一個新的音樂樣貌是可以讓傳統元素在現代生存的樣貌，而不是原封不動保存下來。

在傳統的生活中的音樂其實跟生活是密切的，密切度比現在更高。現在的音樂大部分還剩下的是社交娛樂或者是抒發心情，但是過往來說很多音樂在生活中都扮演著很重要的功能。婚喪喜慶、拜神、演戲啊這些比較公眾性的音樂功能，在現在的社會裡面已經漸漸消失了。

2. 這樣說來，音樂或許比起我們認知的，單純作為一種娛樂還有更多功能或可能性呢。

例如每個人在成長的過程中多多少少會記得幾首童謠。語言的各種特性、功能與聲韻在童謠中也能錯譯或者保留，像是「城門城門雞蛋糕，三十六把刀」因為省籍腔調從「城門城門幾丈高，三十六丈高」演變過來。臺灣從北到南的猴子星期數數有也許多不同的版本，有的猴子以死亡告終，有的猴子忽然轉跳，從這些民間範例中可以看見臺灣的族群環境與孩童間的錯譯過程。

在臺灣這樣多元語言腔調的地方，閩南大體除了南北、漳泉腔調外，其他部分地方腔調如金馬宜蘭等等，都有自己特有的音韻或單詞被使用著。客家目前以四縣與海陸為大宗，官方的分類有七種，再加上臺灣的原住民族語有二十多種語言，臺灣的語言使用在這樣小的面積上算是種類密度極高的了。

假設這些使用中的語言在可見的幾十年中流失，那我們剩下的會是哪些語言？而依附在語言系統分類下的族群是否還有存在或辨識空間？

語言課題牽連的範圍著實廣大，除了對外在世界的關聯與某些國族區隔以外，對內也是思考特殊化的工具基石。有不少研究指出，選擇不相同的語言工具會造成思考的差異性，最直觀的比方我們使用的中文在量詞上就是很仔細的物件分類，一棵樹一根草，一輛車一匹馬，在英語系統中很難呈現這樣的功能。語言工具的特殊性牽連著我們的思考邏輯，更多元的語言使用相對應著更多元的思考模式、文化氣質等等內在條件。

3. 回到前面第一題的內容，老師希望藉由音樂找到傳統元素在現代的樣貌，是不是也可以說不只在文化或婚喪喜慶，也包括了語言，或文字層面？

歌謠對於語言的使用與保留有其具體的意義。許多漸漸被現代生活淘汰的語文單字，也透過歌謠的形式被保留下來，比方「天黑黑，欲下雨，阿公舉鋤頭要掘芋。」這個鋤頭（tî-thâu）與掘（ku̍t）芋都已經是現代生活中幾乎不會再用的單詞，透過歌謠的方式這兩個字確實的延長了他們被使用的壽命。

童謠有一種教育傳承與趣味彈性的共生性質，可能是無關緊要的單純文字聲韻遊戲，也可能是嚴肅的紀錄歷史事件卻轉化的不著痕跡。這些模糊與多元的特質，就像以妖魔與神怪內容為主的故事，可以連結未知與現實。

4. 那麼，在使用這些民俗元素進行創作的時候，會不會特別意識到這些內容的民俗意涵？例如這一段音樂是神明祭典時使用的，所以會朝這方向去寫曲子？

我覺得在使用這些民俗元素的時候其實會有兩個過程，第一個過程是照規矩來，比方說我們會看黃曆然後我們會請示神明能不能演出或製作，我們對民俗涵義一直都是很尊重，有了這些消化過程之後，音樂製作過程中就會開始提醒自己怎麼樣在音樂的目標樣貌上有突破跟平衡。

5. 延續前一題，在老師創作過程中，使用這些元素有曾遭遇什麼困難或麻煩嗎？

民俗元素的使用很像是香料，比方說你在蚵仔煎裡面加咖哩它就會像印度菜，所以傳統元素的拿捏在創作上很容易產生很大的偏移，要小心使用，這應該是最困難的。另外一部分的困難是在於錄音跟演奏法，即使一樣是胡琴這個系統，戲曲的音樂跟儀式用的音樂語法上與使用方法上就完全不同，所以找對演奏者也是一個很重要的知識。

6. 柯智豪老師除了個人名義的創作以外，也另外在一個臺灣民俗色彩更強烈的樂團，

三牲獻藝活動，想請老師談談在三牲獻藝裡的創作，和自己的創作是否有何區隔？以及在樂團的創作經驗或理念。

三牲獻藝的創作漸漸形成一種吸納臺灣廟宇元素，但在音樂上要一直往前突破的心情，所以三個人漸漸聚焦在怎麼樣呈現更沒聽過的音樂樣貌，我很開心我們走到那個方向上，漸漸地沒在管要討好誰，或者是要給什麼人聽。但我自己的工作總是會想到聽的人是誰，這是跟我自己最大的差異。

7. 老師曾和北地異工作室合作，為「說妖」桌遊寫了一首主題曲。在這首主題曲中分了三個氣氛明顯不同的段落，想請教老師這些段落是否各自有什麼想表達的意境，以及為了與這些意境呼應，有用了哪些（或怎麼使用）民俗元素呢？

我很喜歡跟北地異工作室合作，因為我很喜歡看故事。當初在寫這個主題曲的時候想像的其實就是故事線的樣貌，元素裡有經文，有交響，然後有電子音樂，有很多破碎的聲響與音效，又不失旋律性，另外它還有很難的臺語，很要命哈哈。幾乎把我當時想到的所有元素全部都擺進去了，大概就是我對北地異工作室的感覺，然後把它故事線化成三段，像是在舊時空裡但卻森羅萬物超乎想像。

8. 在這些豐富的創作經驗裡，老師的作品時常會被認為是很「本土」或「在地」，想請教在老師看來所謂「本土」或「臺灣」的音樂是什麼？

我覺得「本土」或「在地」是一種既有的想像，那並不是我在乎的環節，我一直在想的是未來的「本土」或「在地」會是什麼？時間是連續性的，現代要怎麼形塑才會變成未來的過去，對一個音樂創作者來說我就是不斷地創造當代的樣貌吧。

9. 從個人創作、三牲獻藝再到與說妖的合作，我們也探聽到老師在最近有打算做一個以妖怪為主題的音樂計畫（妖怪童謠），能請老師稍微談談關於這計畫的創作緣起，或是它將會是一個怎樣的作品嗎？

其實我一直期待臺灣能有自己的妖怪系統，最近好像也看到一點眉目了，有天我就在想，我想要用音樂跟小朋友說臺灣的妖怪故事，集合臺灣各種族群的音樂人，一起來講故事給下一代聽。每個族群都有他們自己的妖怪，閩南虎姑婆啊，湘西有趕屍啊，原住民有巨人啊，越南有水稻精啊，臺灣這個島上的多元能這樣被呈現多好。

三牲獻藝團隊專訪

（以下「柯智豪」簡稱為「柯」、「黃凱宇」簡稱為「黃」、「鄭各均」簡稱為「鄭」）

1. 三牲獻藝覺得什麼是臺灣廟宇文化的重要性？

柯：

我覺得最重要的就是跟我們，至少跟我輩的生命經驗是密切聯繫的，即便說你根本沒有意識到它，但是生活中一定會碰到啊！例如路上啦，還是家裡附近其實都會有，我覺得當下一定是這件事情。那其他的如果你看向未來，廟宇文化的未來可能是我們自己某一些期待，希望它可以變成什麼。我當然是希望這樣的東西可以一直存在在我們的生活中。

鄭：

因為我們從小就是臺灣人，廟宇文化一定四處都看得到，其實是多到滿氾濫的，但在我們成長過程中其實不會注意到，就是跟阿公阿嬤拜拜而已。也沒有真的去注意說裡面到底是拜什麼東西，那是因為做了《三牲獻藝》才會認真的去想傳統文化對我們來說到底是什麼。

柯：

感覺沿海一帶會比較多，感覺好像到北方比較沒有這個氣息。

鄭：小時候我阿嬤家在雲林嘛！雲林就是走一百公尺就一間，而且一間都比一間大。我覺得臺北很有趣的是廟會藏在一些很奇怪的地方，很多廟在巷子裡面，還有高架橋下面，可能本來是一間小廟，但是因為要建路某些東西拆掉了，但它卻留在原地。例如說我記得很深刻的是光華商場，以前光華橋下面就是一間廟，臺北的廟宇就藏在像這種地方。

柯：其實這樣也可以感覺到廟這件事情跟都市發展某種程度上是平行線，就是你在發展、在蓋東西，你也不太敢動它，才會把它蓋在橋裡面，我覺得應該是某一種脫鉤，跟都市其實在不同的時空裡面，就好像都市在發展它也不碰廟，然後廟也不往前走，才會有這個畫面。

2. 那是否三牲獻藝的音樂是以廟宇音樂常用的北管為素材？

柯：沒有，我覺得這只是一個很直接的定論，其實並不是這樣子。先不要說三牲獻藝好了，即便是廟宇文化裡面其實很多所謂被稱為南管或北管的（音樂），不是這麼地鮮明。

如果你是有南管北管經驗的，其實有很多東西已經不是那麼絕對。尤其是在臺灣，因為從明朝、清朝開始發展了很長一段時間，臺灣跟中國的脈絡雖然牽得到線，可是很像澳洲島剛被發現那種感覺。我覺得就是一種生態系，它自己會長出一個生態系，所以你說廟宇的樣貌，裡面很多是混生的。但當我們要指涉一個音樂類型的時候，其實通常會講一個大家的共同印象、一個說詞，所以可能北管會比較接近，但事實上裡面也有一些南管的元素。

甚至其實你再往裡面去看，有一些南管曲牌的來源很多還是邊疆的，其實就是一個脈絡的追尋，到底怎麼樣定位，它其實是蠻活的，這也是做三牲獻藝之後才比較又重新思考這件事。當你需要溝通的時候，往往會回到名詞上，但是它不是那麼絕對性的。

鄭：

就你在拜拜的時候，看到的也不是只有北管，不管現在或以前，也不管是歌仔戲、布袋戲、北管戲，都沒那麼純粹啦！

3. 請問三牲獻藝怎麼定位傳統音樂？對它有什麼看法或情感？

柯：

我覺得就是像在邊緣即將要掉出去的，那個可能就是傳統音樂。有的時候真的不是年紀大小的問題，像爵士樂也沒人說它是傳統啊！但它跟京劇一樣年紀，那也是一百多歲啊！但京劇就是叫傳統、叫國粹。

鄭：爵士樂在美國也很多人覺得它是國粹啊！回到臺灣人他們不會覺得爵士樂是傳統，但京劇就是。那為什麼會取樣這些傳統樂器，第一個當然是想要再重新跟這塊土地有些脈絡上的連結。

對我們這種人來說，其實取樣聲音都不是很難，因為基本上從二十世紀之後，所謂的媒材它已經不再是一個問題了，而是你怎麼去運用這些媒材。有時候就是你用對它，在對的時候跟對的地方，旋律就是對了。另外一個當然就是重新認識自己生長的背景，我小時候常聽阿公放的那種北管錄音帶啊！那錄音帶有夠吵的，後來才想說，欸！應該把它留下來的，取樣可以用。

柯：如果以傳統來講，我自己的工作最多其實是跟戲曲有關。那戲曲的傳統音樂跟廟的傳統音樂當然是很不一樣的，但它們也並不是完全就絕斷，它們彼此之間還是會有一些領域是重疊的，比方說謝神戲。所以其實對我來講，我對傳統音樂的視角其實比起之前要再更有彈性、或者說比較大，就是我開始更能體會「音樂在生活中」。

每個時代都有音樂在生活中，就像我們現在一樣，我們可能有周杰倫、蔡依林，可能林志玲也出唱片，這就是我們當代生活中各式各樣的音樂。可是這個不只是在興趣上面，那不見得是你喜歡的，可是這就是整個生活的樣貌。但這個生活的樣貌再對照到一百年前，其實也差不多是這樣，只是那時候沒有錄放的設備、沒有喇叭，可是其實你說一些館閣、或是生活中，還是到處充滿著很多他們那時候的音樂。

這些其實跟我們現在的生活是非常接近的，只是當我們用傳統視角看向它的時候，可能有時候會覺得它好像很遙遠、或是好像很學術、或是好藝文，可是事實上在當時年代它是一個非常開放跟非常生活的狀況，音樂的本質是這樣子。

4.《三牲獻藝》、《中壇元帥》到《家將》，它們之間承襲什麼關聯與脈絡？從三個人共組三牲獻藝至今看法上是否有什麼轉變？

柯：

其實我自己的規畫，第一階段是做四張就結束，這個安排在過程中一直又再調整跟思考。

它有一些主軸是可以聊的，比方說第一張同名專輯《三牲獻藝》是講城隍，它跟儀式、傳統這些是很貼近的，是一個相對具象的樣貌，我們那時候還有夜訪，有廟宇的邏輯在裡面；到第二張《中壇元帥》的時候是討論「脈絡」，縱向的事情，所以討論到脈絡的追尋，然後中間有一些異變，讓我們有一些衝擊跟想法，比方說道教跟佛教之間的轉換。

鄭：

那時候就是從印度教開始的。

柯：對，就是它有這一個脈絡在。雖然臺灣的佛道音樂還是會區分，但很多其實不是那麼的必然，因為我們的宗教真的蠻開放的。

到了第三張作品，對《家將》的理解，比方說宋江陣，宋江陣原本是民間的鍛鍊，然後它被引用或者是演化，現在就變成儀式型的活動，大家看到的《家將》，它有部分是有這個血統在。

所以它是同一個時間軸，關於民間的功能跟儀式之間到底是怎樣互相影響，比方說我們都會看到電子花車，那電子花車最初其實沒有出現在廟會裡面，可是它就是被廟會引用，還有像我們現在也會看到很多「痛車」，以前其實也沒有。

相同地，三牲獻藝本身也是一個這樣的例子，電音三太子也是。就是它怎麼從民間被引用到儀式裡面？為什麼儀式會挑選它？或者是儀式的活動，如何轉化到民間？它其實是同一個時間軸裡面會發生的事，我相信每個朝代都會發生這個事情。如果你這樣看的話，其實中壇元帥也是會碰到這個狀況，它其實是來到中土之後被導入儒家思想，才會有這些玩意兒出現，本來佛教是不講親疏關係的，所以你看像「目連戲」其實也是這個邏輯，目連為什麼要救母？嚴格來說目連才不會救母，因為他出家沒有母親，他不能救母，其實這就是跟民間的需求結合。

5. 最後，想請三位談談下一張作品，以及三牲獻藝想用音樂呈現怎麼樣的臺灣意象？

柯：

剛剛說第一階段就是四張專輯嘛！那我們接下來要做的第四張是《八仙》。《八仙》其實是一個比較大的呼應，《三牲獻藝》是具象的儀式，中間的《中壇元帥》和《家將》個別討論的是縱向跟橫向的事情。那八仙的設計其實非常有趣，八仙其實八個都是人，然後變成神仙，大家或許比較熟悉這個故事過程，它內涵其實講的是生、老、病、死、男、女、老、幼，所以其實是在講「人」。以及為什麼要當神？或者是變成神的過程又是什麼？

這裡面還有一個不男不女——藍采和，藍采和他是「幼」，所以他沒有性別。所以我目前的想像，在聽覺上面是希望我們這五、六年來作的這個功課可以到一個繽紛，就是既然要成仙了，就要讓它歡愉、繽紛一點，到一個階段，能是我們好多年來先下的一個休止符。

黃：

所以會先找資料、去拍廟，我去年就開始拍了。我們會有一個討論板。比如說我今天在哪裡拍到一個八仙過海的圖、基隆的廟有磁磚的圖、或是在松山也有牆上的圖，我就拍下來當資料。

有時候也會放些文章，再來有些廟會的時程或是戲也都會放上去，等於是有一個我們的資料庫。因為沒有一個人是專家，我們也是要學。

柯：FISH的圖可以變成音樂。有程式可以轉換。如果只具體在看出版品這件事情，那當然你看到的就是個CD。但其實對我們來講，比方說我們會去做採樣、去上課，在那個過程中連結的跟這些記錄下來的東西，其實並沒有被出版。

可是這些東西對我們來講其實也是很重要的作品。比方說從幾年前的，最早的城隍廟的紀錄，那些東西其實我們現在還是會用到，變成是我們自己的資料庫。接下來三牲當然還會有更新的計劃，兩位老師想像的視角也不一樣，但走到第三張《家將》的時候我是非常喜歡他們，現在兩個都比我們剛開始的時候更內化、更舉重若輕、更自在，我覺得超屌的，期待接下來的事情。

但說到臺灣意象，我覺得已經不是意象了，我覺得這是一段很長的路喔！其實不只是音樂本身，就是我們幹的傻事應該也是很多人看到啊！

鄭：大家會發現其實臺灣越來越多人在做這個東西，不管是傳統音樂取樣再利用，當然我們不是第一個。所以我們在做這個東西沒有先設一個前提說讓它會變成什麼樣子。

柯：對啊，也很難啦！它是一個計劃，其實對我們三個來講，大部分的視角還是對內，我們其實還是我們三個人的工作、或三個人的討論。所以除了囤貨以外老實說沒什麼太多壓力（笑）。

後記

謝蓓宜（《臺灣妖怪學就醬》主編）

總算成書了。

看到這本書的完稿，心中有著滿滿的感動。

臺灣妖怪的論述在這幾年才逐漸風行，但所謂的「風行」也不過是在市場上逐漸形成各家之言，要說專門的論述文章，那是點著燈籠都找不太到。

我們的幾位作者為了這本書，必須去撰寫詳細的論述，在此之前，可能他從未寫過類似角度的文章。收集完全部的稿件後，我打從心底拜服本書每一講次的作者，內容不僅紮實有料，而且十分有深度，真正做到與學術論述、實務經驗的結合。

但重新撰寫文章，也意味著編輯與作者之間，催稿與拖搞的戰爭悄然開戰。

編輯得要殷切的追蹤作者們，時不時和顏悅色的詢問，「何時交稿啊？」又怕催得急了，嬌貴的作者們直接神隱，或者甩手道：「老子不幹了！」這催稿的力度如何難捏，實在是輕不得也重不得。

本書原本預定在《唯妖論》出版後一年就要彙整上市，竟是拖拖拉拉直到今天才付梓出版，主編我實在是對不起殷切期盼的各位。

《臺灣妖怪學就醬》遇到的第二個問題，則是市場定位。

這本書，說學術還真學術，打開「民俗」一章，就是三大篇內容艱澀，直把人逼得倒退三步，恨不得立刻掩上書籍，就此丟在一旁。但要說整本書都很艱深嗎？也不盡然，若直接翻開「創作」一章，從實際的作品切入討論，倒是能夠輕易進入狀況。

前半部為了打好臺灣妖怪論述的基礎，我們不惜讓各位迎頭就碰壁，撞上堅硬的臺灣妖怪之牆，所謂頭過身就過，若是你能夠突破重重關卡，後邊就是倒吃甘蔗，越來越輕鬆。

這是極有風險的編排方式，但我們還是做了，這正是對讀者——也就是你，所下的挑戰。

臺灣妖怪是非常新穎的市場，在大眾娛樂層次，我們看到它的潛力。但是越往艱深的論述方向走，能夠接受的讀者越少——儘管那片土地蘊含的文化養分之深令人咋舌。這本書是踩在一個稍稍深，又想要稍稍淺的平衡上，我們不知道市場的接受度如何，但若是你看到了這段文字，我想它仍是達到了目的的一本書。

在開頭的主編序裡，我曾經提及本書希望能夠成為奠定臺灣妖怪學論述的基石，這九講的內容分別從「民俗」、「社會」、「創作」著手，是我們建構臺灣妖怪的基礎、演變與未來的切入角度，期望你能夠對整體的臺灣妖怪學有個宏觀的認識。

這三大主軸是臺北地方異聞工作室所決定的架構。只有這個角度才能切入並深入討論臺灣妖怪嗎？並不盡然。我們期盼能夠從江湖中引出更多能人，願意從多元的角度切入討論臺灣妖怪。無論是再一個九講，還是十八講、二十七講，都是多多益善，唯有更多的人討論臺灣妖怪，才能使臺灣妖怪生生不息，不邁入死亡之境。

通過講述，使妖怪有成形的基礎，使妖怪得以在現代重生，這是《臺灣妖怪學就醬》於此刻所被賦予的任務，我們期盼能將講述的棒子交付出去，讓更多人接觸到這樣的論述，這項任務並不輕鬆，但我仍希望能夠邀請你共同參與——

為臺灣妖怪學添磚加瓦，使其真正成為一門展現臺灣文化風情的論述吧！

國家圖書館出版品預行編目 (CIP) 資料

臺灣妖怪學就醬 / 臺北地方異聞工作室、謝蓓宜作 . -- 初版 . -- 臺北市 : 奇異果文創 , 2019.02
220 面 ; 14.8×21 公分 . --（北地異 ; 6）
ISBN 978-986-97055-8-5(平裝)

298.6　　107022746

北地異 006

臺灣妖怪學就醬

主　　編　臺北地方異聞工作室、謝蓓宜
撰　　文　瀟湘神、溫宗翰、林和君、蘇碩斌、長安、Pache、NL
校　　對　高珮芸、楊海彥

執行編輯　周愛華
美術設計　Akira Chou
封面插畫　知岸

發行人兼總編輯　廖之韻

創意總監　劉定綱
企劃編輯　許書容
法律顧問　林傳哲律師 / 昱昌律師事務所

出　　版　奇異果文創事業有限公司
地　　址　臺北市大安區羅斯福路三段 193 號 7 樓
電　　話　(02) 23684068
傳　　真　(02) 23685303
網　　址　https://www.facebook.com/kiwifruitstudio
電子信箱　yun2305@ms61.hinet.net

總 經 銷　紅螞蟻圖書有限公司
地　　址　臺北市內湖區舊宗路二段 121 巷 19 號
電　　話　(02) 27953656
傳　　真　(02) 27954100
網　　址　http://www.e-redant.com

印　　刷　永光彩色印刷股份有限公司
地　　址　新北市中和區建三路 9 號
電　　話　(02) 22237072

初　　版　2019 年 02 月 01 日
I S B N　978-986-97055-8-5
定　　價　新台幣 320 元